英語力&知識ゼロで億超えも夢じゃない

お金が増える米国株超楽ちん投資術

たぱぞう

KADOKAWA

はじめに

まずはじめに、この本を手に取っていただき、ありがとうございます。

昨今、米中貿易摩擦の激化を受けて、値動きの激しい相場が続いています。また、欧州経済の停滞に伴い、債券が非常に買われています。日本は低金利で知られますが、ヨーロッパに比べると、それでも比較的高金利であるという、２０１０年代前半からすると考えられないような状況になっています。

このように、その時々の経済は揺れ動くものです。このような「揺れ」で動揺し、資産運用方針をコロコロと変えていては、安い時に売り、高い時に買うという過ちを犯しかねません。

私がこの本でお伝えしたいのは、

米国株長期投資ならば、誰でも安定して資産が増やせる

……ということです。


「少しでもお金を増やしたい」と思いながら、

「やっぱり投資は怖い」

「何を買えばいいか分からない」と悩んだり、

「考えているうちにどんどん時間が過ぎていく」と焦っている人も多いですよね。

しかし、米国株なら楽ちん投資で大丈夫。十分にお金は増やせます。

まとまったお金は必ずしも用意する必要はありません。毎月の収入から、ただただ積み立てていくだけです。**大切なのは、「米国株であること」**です。


私は祖父や両親が株式投資をしていたという環境もあって、就職後すぐに日本への株投資をはじめました。完全な独学で、今振り返るとぞっとするような売買もありました。それでも、20年余り投資を続け、途中から米国株投資に切り替えたことで、効率的にお金を増やすことができました。

米国株に目覚めたのは、円高がきっかけです。

はじめはドルが下がったから米国株、という単純な思いつきでした。為替だけで利益が出せる水準だったからです。しかし、米国株投資を続けるうちに、米国株の強さ、市場の素晴らしさを、身を以って感じるようになりました。米国の株価指数は日経平均やTOPIX（東証株価指数）とは質が全く違います。米国企業の経営者の置かれる環境は厳しく、日本株とは一味違うということがわかってきたのです。

そして**米国株投資、特に米国株のインデックス投資ならば、面倒なことをしなくてもお金は増える**、ということもわかりました。

それまでの私の投資行動は、早くお金を増やしたい、という人には有効な点があったかもしれません。しかし、永続性という意味で課題がありました。極端な逆張りで、時間的にも、精神的にも、負担が大きかったからです。

私は**「たぱぞうの米国株ブログ」**というブログを書いています。きっかけは、以前勤めていた組織で異動が決まった時、力を貸してくれた若い仲間に、米国株の素晴らしさと資産形成の大切さ、シンプルさを伝えたいと思ったことです。

そのブログがやがて多くの人に読んでいただけるようになり、多くの人の悩みも知るようになりました。本書ではブログを通じてわかったことも、皆さんと共有できたらと思います。

米国株投資にまとまったお金も、知識も、英語力もいりません。
人生で大切なのは仕事や、趣味や、家族の時間。
だから投資には時間も手間もかけない。
それが私の考え方です。

誰もができる投資術を書きたいと思います。
私が20年継続してきた株式投資で学んだこと、たどり着いた考えを、お話しします。
本書を読めば、すぐに米国株投資がはじめられると思います。

２０１９年９月　米国株投資ブロガー　たぱぞう

●本書の内容は、２０１９年９月25日時点の情報に基づいています。

●本書は著者個人の見解や分析であり、著者によって提供されたいかなる見解や意見も、読者に利益を約束するものではありません。

●本書で示した著者の見解や取り上げた金融商品によって読者に損害が生じても、著者および発行元はいかなる責任も負いません。投資の判断はご自身の責任でおこなってください。

もくじ

第1章  たぱぞうの「お金の履歴書」

第2章 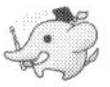 だから米国株でお金が増える

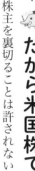

第3章 米国株投資はインデックスか、個別株か？

第4章 注目の投資信託、ＥＴＦ

第7章 米国株投資の実践レッスン

第1章

たぱぞうの「お金の履歴書」

初めての投資は給与全額を株にドーン

米国株投資についてお話しする前に、まずは私がこれまでどのように投資をしてきたか、どんなきっかけで米国株投資に目覚め、お金を増やしてきたかをお話ししたいと思います。

私は１９９９年に大学を卒業して通信系の会社で１年働いたあと、人材開発系の組織に転職し、そこで約20年働きました。

投資をはじめたのは25歳。２０００年に人材開発系組織に転職した時です。信じられないことですが、初任給全額を株式投資につぎ込んだのです。

東京都の財務局に勤めていた祖父と、金融機関に勤めていた父と母が株式投資をしていたせいか、投資に対する抵抗感はほとんどなく、**「収入を得るようになったら投**

資するもの」「お金は投資で増やすもの」という感覚がありました。

就職後、大手証券会社で日本株の売買をシミュレーションして利益を競うコンテストがあることを知り、銘柄選びや売買の練習にちょうどいいと思い、参加することにしました。銘柄を自由に選び、タイミングを計って売買の判断をするゲームで、実際に売買したものとして損益が計算されるものです。すべてはじめての経験、すべて自己流でしたが、半年ほどやってみるとなかなかの成績でした。

今思えば、投資の基本は何も分かっていませんでしたが、シミュレーションで好成績をあげたことで、私は「いける」と思ってしまったようです。それがきっかけか、**転職して初任給をもらった時、全額投資する、という暴挙に出た**わけです。センスがあるのだからドーンと投資した方がいい、というおごりがどこかにあったのかも知れません。

初任給で親にプレゼントを買って感謝の気持ちを伝える、という人もいますが、私はそんなこともしないまま1年が経ち、転職後は全額を投資してしまったのですから、見方によっては無茶苦茶です。

当時は実家暮らしだったので、翌月からは給料から小遣いを引いた残りのほとんどを投資、そのあと２年間一人暮らしをした時も、預金はせず株を買い続けました。

日本株への集中投資期。時間もリターンも無駄が多かった

投資をはじめて10年ほどは、日本株への集中投資をしていました。この時の経験は決して誇れるものではありませんが、反面教師としてお話しします。

当時はバリュー投資が流行っており、よく売買していたのは建築建設系の銘柄です。**バリュー投資とは、企業価値から見て株価が割安に放置されている銘柄に投資する手法**です。株価は企業価値に見合った水準になると考えられており、株価が割安な時に投資すれば、株価が適正な水準に上昇することによって利益が得られる、というわけです。

当時、建築系は構造不況業種だと言われており、ＰＢＲが低い銘柄がたくさんありました。ＰＢＲとは、会社の１株当たりの純資産と株価とを比較した指標で、ＰＢＲが小さいほど株価が割安であることを示します。

1株当たり純資産は、会社の全資産を売却した場合に株主が1株につき手にする金額です。PBRが1倍ということは、株価が1株当たりの純資産と同額であるということです。そして、PBRが1倍を下回るということは、株式を買って会社を売却すれば利益になることを意味します。そのため、PBR1倍以下というのは株価が下がりすぎで、株価が割安ではないかと考えたわけです。初心者らしい誤解をしたのですね。

米国株は特にそうですが、PBRはさほどあてになりません。というよりも、そもそも1つの数字で売買の判断をすることは間違っています。

当時は短期で売買するのが普通だと思っていたので、毎日、インターネットで値動きをチェックし、少し株価が上がれば売り、また下がったら買う、ということを繰り返していきました。それなりに利益は出ていたので、投資を怖いと感じた記憶はありません。ただ、私は仕事も大好きでしたし、それなりに趣味もありました。飲みに行くのも好きだったので、今考えると、「よく時間があったな」と思いますし、「あまり効率のいい投資ではなかったな」と感じます。

日本のバリュー株は いつまで経ってもバリューなまま

バリュー投資を続けるうちに、ふと疑問をもったのは、「**一部の日本株って、いつまでも成長せず、いつまで経ってもバリューなのではないか**」ということです。

企業価値に比して株価が安ければ株価は上昇しますが、成長性がなかったり、その銘柄に注目する人が増えなかったりすれば株価は安いままです。つまり安いからいい、とは限らないわけです。

そして残念なことですが、**成長性がない、株価が安いまま、というのは、今も日本株の多くの銘柄に言えること**だと思います。

逆張りナンピン買いを続けて 30歳手前で1000万円を突破

それでも当時の私は、なんちゃってバリュー投資をしばらく続けていました。数字的にはたしかに割安だったこと、また、「いくらなんでも、この数字なら将来値上がりするだろう」というもくろみがあったからです。

それは銀行株です。

１９９７年の北海道拓殖銀行や山一證券、三洋証券などの破綻の余波が続き、当時、銀行株は下がり続けていました。私は、「日本の大手銀行がだめになるはずがない。大手銀行がだめになるということは、日本経済がだめになるということであり、さすがにそうはならないはずだ」と思ったのです。

今思えば根拠が甘く説得力に乏しいのですが、そう思い込んだ私は**某大手銀行に全力で投資**しました。

過去には１００万円近かった株価が60万円程度に下がった頃から買い始め、２００２年から２００３年までの間、50万円になり、40万円になっても買い続け、最終的に６万円程度になるまでずっと買い続けました。

安くなる過程で買い続けることを、逆張りナンピン買いなどと言います。とてもリスクの高い手法ですが、当時はそれがいいと思っていました。「安い！　バーゲン状態だ！」というわけです。高値覚え（過去の高値を覚えていて、その水準まで戻ると期待すること）の典型ですね。**当時の全財産は数百万円で、それを全額、某銀行株に全力で集中投資しました。**

結果、2005年に株価が上昇し、すべて売却。30歳手前で私の資産は1000万円を超えました。リスクが高い買い方ですが、ともかく利益が得られたわけです。

資産のすべてが株式。でも、結果オーライだった

当時は株が資産運用に最適だと思っていました。当時から銀行金利が低かったからです。預金ではお金はまったく増えない、株なら増える。給与が限られるならば株で増やすしかない、と思っていたのです。

金利0・1％では1000万円を1年定期に預けても1年間の利息は1万円。株で5％上昇、あるいは配当で5％を得れば50万円です（税は考慮せず）。

今もリスクを取って株に投資するのは当たり前という考えは変わりません。預金ではインフレに勝てず、ジリ貧になるばかりだからです。「リスクを取らざるリスク」が顕在化したのがこの20年だったと言って良いでしょう。

とはいえ、ＰＢＲやＰＥＲなど、１つの基準だけで銘柄を選ぶことも、１つの銘柄に集中投資することも、リスクの高い投資法です。

そもそも、給与から生活費を引いたお金のほとんどを株式投資に回していたことも問題です。

本来であれば、急な出費や収入減などに備えて、生活費の半年分程度はいつでも使えるお金を普通預金などで確保しておかなければなりません。これを**「流動性資金」**と言います。また結婚資金や住宅購入の頭金、子どもの教育費など、使う時期が決まっているお金や、確実に貯めなければいけないお金は、**「安全性資金」**として、元本保証がある定期預金などに預けるのが基本です。

しかし私は**流動性資金や安全性資金を一切持たず、資産は１００％株**という状態だったのですから、今思えば偏っていましたね。

結果的にはこれが功を奏してお金を増やせたのですが、今は資金の3割程度は預貯金などにキープしておくといい、とお話ししています。それは私自身、当時の投資がうまくいったのは運に恵まれたのだということを自覚しているからです。逆の方向になっていれば、どうなっていたか分からない……。そういう投資はしてはいけませんね。

クルマやぜいたくには目もくれず株を買い続けた青春時代

前述のとおり、就職後は給料から生活費を引いた残りをすべて株式投資に回していました。趣味の海外旅行やスノボにもお金を使っていましたが、友人たちと大きく違ったのは、「クルマ」です。

大学時代は出身地の神奈川を離れて京都に下宿していたのですが、帰省して地元の同級生に会った時に驚いたのが、友人の多くがクルマを持っていたことです。シルビア、GTR、ハチロクなど……。そういう時代でした。

クルマにお金をかけるなんて私には考えられないことでした。同時に、彼らが「クルマがないと彼女ができない」と言ったのにも驚きました。逆に私は「クルマがなければ付き合えない女の子なんて無理だなぁ」と思いました。私は結婚してからも投資をしたいのに、そういう価値観だと消費がふくらむことが目に見えていたからです。

今の若い人は感覚が違うと思いますが、我々の世代ではローンを組んだり、ボーナスをはたいたりしてクルマを買っていました。そんな様子に目もくれず、私はひたすら株を買っていたことになります。

はじめてクルマを持ったのは、結婚してからです。子どもが生まれ、保育園の送り迎えなどにクルマがないとどうしても不便だったのです。結婚祝いとして親に半額出してもらい、50万円の中古車を買いました。そのあとも廃車寸前の車を譲り受けたりして、まともに買ったのはつい数年前です。奇人変人に見えるかも知れませんが、私は節約している気もなく、十分と思っています。「少欲知足」（あまり物を欲しがらず、わずかな物で満足すること）ということです。

とはいえ、今も昔も、海外旅行やスノボなど、好きなことは楽しんでおり、要はお金をどこに使うか、の違いです。一般的な会社員が、したいことをすべてすることとなどできません。私が25歳から株式投資に少なくない額を投じていたのは、給料が高かったからではなく、**使い方にメリハリをつけ、投資に重きをおいていた**からなのです。普通の人が結婚式、クルマ、家といったものすべてを満たす時代は終わりを告げたと言って良いでしょう。

投資で「人生の選択肢」を増やしたかった

話が少し戻りますが、結婚したのは2005年です。

結婚式という一瞬のものに大金を使うことに意味を感じず、知り合いの神社で式を挙げ、**かかった費用は食事も含めて30万円**でした。

結婚式場などで披露宴をして友人・知人を招けば、3万円は包ませることになります。お給料の少ない若い友人に出させるのは、忍びないことですね。

200万、300万という莫大な費用をかけて所得に見合わない式を無理して挙げ

る国は、実は多くありません。海外に駐在した時にそれは実感していたので、式の費用も家内と折半で出しました。幸いにしてお互い、何の疑問も持ちませんでした。当時から、そういうことにお金をかける時代は終わったと思っていたからです。

家内は結婚前も、結婚後もフルタイムで働いていました。当時は寿退社する人も多かったですが、そもそも私は、経済的に自立した人と結婚したいと思っていました。それは、投資を続けたかったからです。

私だけの収入で家族を養っていくとすれば、それまでのようには投資できません。ダブルインカムで、**夫婦で生活費を出し合い、思うように投資をしたい**と思ったのです。でもそれは、たんにお金を増やしたいからとか、億万長者になりたいから、ということではありません。

将来、投資を仕事にしたいといったビジョンも持っていませんでしたし、当時、自分がブログや本を書くことになるとは思ってもみませんでした。

ではなぜ、投資に力を入れていたのか。

それは、「人生の選択肢を増やしたかったから」です。

当時就いていた人材開発の仕事は自分が選んだものであり、とても好きでしたし、やりがいも感じていました。

でも、その仕事に人生のすべてを捧げるというのは違うと思っていました。私の父は朝早くに出勤して深夜に帰宅するような典型的な昔の金融マンで、父は誇りを持って働き、充実していました。でも私にはできない、無理だと思いました。ほとんどの時間を仕事に費やすような生き方をすれば、やがて仕事に依存することになる。そういう生き方をしていくと、もし、いつか仕事に限界を感じることになっても、仕事以外の選択肢がない。そうではなく、**仕事とは別に「投資」という選択肢を持っておきたかったのです。**

投資で資産を作れば経済的な自由が得られる。その時には経済的自由という言葉さえ知りませんでしたが、感覚的にそう思っていたのです。

今でこそ副業をしたり、考えたりする人がいますが、当時、そうした考え方をする人はほとんどいなかったと思います。それでも私は、何か1つに賭ける人生、というのには苦手意識がありました。

仕事という柱だけではなく、**投資によるリターンという柱**を築き、生き方の選択肢を広げておきたい、と考えたのです。

正しい情報がなく、私の投資は間違いだらけ

とはいえ、当時はお金を増やしたいという一念で、投資についての知識はあまり持っていませんでした。今ぐらいの情報があれば、きっともう少し早く投資の基本を身に付けることができたでしょう。大切なことにたどり着くまでに、**だいぶ遠回りしてしまいました**。

当時は、割安な銘柄を選び、テクニカル分析で売買するのがいいと思っていました。

テクニカル分析とは、過去の値動きについてトレンドやパターンを把握し、今後の株価などを予想するものです。

本来、財務状況や業績をもとに企業の本質的な価値を分析する「ファンダメンタルズ」が重要であり、ファンダメンタルズなしにテクニカルをみてもあまり意味がないのですが、当時の私はテクニカルとちょっとした数字だけを見て、すべてわかったような気になっていました。株式投資についての良書に巡り合うこともなく、自分の感覚で生きてきた、という感じです。

補足すると、当時は投資についての良書は少なかったと思います。デイトレードで儲けたとか、チャートの見方といった本が多く、投資の本質に触れるような本、持続可能な投資術に触れるような本には出合えませんでした。

海外には当時から良書がたくさんありましたが、日本の書籍には、その時売れるような、トレンドを追うような内容が多かったように思います。

2008年の円高を機にはじめての米国株投資をスタート

その後、記憶の範囲では、キリンホールディングスなど、安定した収益が期待できそうな割安株に投資するようになりました。

今思えば、なんとか利益を出していたものの、銘柄分散は全くしていませんでした。1つの銘柄を追いかけていくのが一番効率いいという先入観で投資を続けていました。そもそもどちらかと言えば、**たびたび訪れる株価暴落から逃げるのに精一杯だったともいえます。**長期投資に資するような地合いではなかったのも大きかったですね。

転機になったのは、リーマンショックのあと、1ドル110円台だった為替相場が**80円割れまで円高になった**ことです。

まず考えたのが、ドルを買っておけば**円安になった時に為替差益が得られる**、ということです。さらに**ドルで米国株を買えば株の利益も得られます**。私は米国株に投資してみようと決めました。

最初に買ったのは、バンク・オブ・アメリカ（バンカメ）やシティグループ（シティ）です。日本株はすべて売って、**１０００万円程度を一気に米国株に投資しました**。この頃もまだ逆張りで、日本の大手銀行株で利益を出した経験則から、不況の時は金融株がいいという思い込みがあったのです。

バンカメはとくに集中的に投資しました。シティは一時、なんと1ドルにまで下がっており、かなり怖い思いをしましたが、結果的に両銘柄とも利益が出て、トータル2倍くらいになったと思います。

この時、**同時に、インド株を買っています**。この頃は新興国から資金が流出し、インド株も暴落していました。タタモーターズに投資し、やはり倍以上のリターンを得ました。

タタモーターズは、乗用車よりも商用車が強く、インドの自動車工業のトップクラスです。販売台数もよく伸びていました。タタ財閥がインドで重要な地位を占めているため、中核企業を潰すことはないだろうというざっくりとした理由で投資しました。数字は厳しかったですが、インドという国に魅力を覚えたというのもあります。

インドネシア株にも投資しました。ユニリーバ・インドネシアや、インドフード・サクセス・マクムールなどで、米国株ほどではないですが、いずれもそこそこのリターンを得ることができました。

新興国からお金が流出している状況下、逆張りで買ったということです。

投資してきた銘柄は、今なら買わないものばかり

米国株も、インド、インドネシアといった新興国株も、はじめての海外株投資はうまくいったわけですが、当時の私に、**今の私と同じ経験や知識があったらおそらく買わない銘柄**だったと思います。

銀行は競合が多いですし、リーマンショック後は規制が厳格化されて、以前のような投資はできなくなっており、マージン（利益率）が出にくくなっています。

自動車産業も競争相手が多い業態で、新興国でも自国のシェアはとれても、利益が上がりにくい体質です。

当時は判断材料としてチャートを信頼していたので、あのような買い方をしたということであり、今のようにファンダメンタルズを見る視点があれば、判断は違ったかもしれません。

暴落した時に買って、下がっても確信をもって買い増し、上がったらすかさず売る。そうした売買で利益を得ることができましたが、それなりに大きなリスクをとっており、万人にお勧めできるようなやり方とはいえません。

暴落時に買うことにはかなりの恐怖心を伴いますから、それなりの自信と確信が必要です。もしできたとしても、**保有している間、値動きによるストレスを抱える**ことになります。

そんなことをする必要はありません。そんなやり方をしなくても、別の方法で十分、利益は得られます。

米国株投資こそ資産形成の近道だと気が付いた

米国株と新興国株への投資を始めて、資金は６０００～７０００万円になっていたと思います。２０１０年以後、劇的に、なおかつ効率的に資産を増やすことができました。

資金が増えてきたことと、経験を蓄積してきたことで、さすがに私も少し視野が広がりました。**分散の必要性を感じるようになり、銘柄選びにも慎重**になっていったのです。

具体的には、決算情報から売り上げ成長率や粗利益率、営業利益率、ＲＯＥ（自己資本利益率）などの数字を必ず見るようになりました。ＲＯＥとは、自己資本（純資産）に対してどれだけの利益が生み出されたかを示すもので、企業の収益性を知ることができる指標です。利益が出ていなくても、負債を増やして自社株買いや増配を行うなどすると数字が作れてしまうため、あくまで参考ではありますが、企業の考え方を知る上では興味深い数字です。

これらの数字を通して、あることに気付きました。

「米国企業って日本企業と収益性が全然違うな」
「数字を意識した経営をしているな」

……ということです。

米国企業の経営者は、株主を強く意識して経営をしています。そのため、しっかりと数字を作ってくる、つまり、利益を出してきます。

日本株より数字がよく、経営者が、株主を意識している。つまり、**株主（投資家）が利益を得られるように企業努力をしている**のです。

「米国株投資を続けることが資産形成の近道だな」

そう考えた私は、給料はもちろん、売買益や配当益などを再投資し、ほとんどフルインベストメントで米国株投資を続けるようになりました。結果的に、資産の最大化ができたのは、適切な時期に米国株に集中投資したからです。

年間200万円程度が得られる高配当シフトが完成

米国株の魅力を知り、投資について改めて考えるようになった私は、少しずつ、投資の手法を変えていきました。

まずは今まで見向きもしなかったＥＴＦ（特定の株価指数などに連動する上場投資信託）を買い、**個別株は10～20銘柄に銘柄分散するようになりました。**

これは資金が大きくなったことも関係しています。

もう一つ変化したのは、**高配当銘柄にも注目**するようになったことです。

米国株は配当が多いのも特徴です。ある程度の金額を高配当銘柄に投資すればそれなりの配当金が得られますから、「キャピタルだけでなく、インカムを目的に投資するのもいいな」という視点が出てきたのです。チャートをチェックして頻繁に売買しなくても、月に何十万円かの配当金が得られる計算でした。

そこで、**「配当を取りに行く投資」と、「売却益を狙う投資」**に分けようと考えました。いわば投資目的の分散、といったところです。

バンカメやシティなど、値上がりを期待して買った銘柄を売り、成長性を期待する銘柄と配当を期待する銘柄にシフトし、**年間200万円前後の配当を得るような形にしました。**それなりに完成したのは2015年の冬頃だったと思います。

高配当銘柄は安定した収益を元に、配当を実現しています。売上が安定し、しっかり配当を出してくるものの、業態が成熟しているがゆえに大きな株価上昇が期待しにくいという面があります。

対して、成長性が高い企業は、利益を配当せず事業に再投資します。

安定的にインカムを得るという投資スタイルならば、高配当銘柄は素晴らしい存在です。ただ、それまでしてきた投資よりリターンが小さくなるのも事実で、年間２００万円程度の配当が見込めても、「キャピタルはキャピタルで狙ったほうがいいな」という思いに至ったのです。

安全性をとるのか、成長性か。投資の目的に応じて選ぶこと、またバランスを考えることが大事ですね。

毎日1時間を投資に費やし、資産は増えた

その頃は**投資に毎日1時間くらいは使っていた**と思います。

ネットで面白そうな銘柄を探し、10～20の銘柄について、値動きを見ながら月に何度も売買する感じです。

マスターカード、バンカメ、ムーディーズなどは数年で手放しましたが、スリーエムなど、製造業としてはマージンがいいと思い、しばらく追っていた銘柄もあります。しかし、売り上げが伸びないので手放しました。

高配当の銘柄ではP&G、高ROEという観点からは、チョコレートで有名なお菓子のハーシーも買っていました。

時期が良い時に買った銘柄は、**投資額の1・7倍〜2倍、大きいものでは3倍程度に増えました。**

投資では「いつ売るか」の判断が難しいですね。特に株価のうねりを取る売買の場合は、売却の基準を設けておくことが重要です。

しかし、投資を始めた頃は明確な基準を持っておらず、チャートを見て、感覚的に売りを決めていました。「もうここまで上がったからいいかな」「過去のチャートを見ると、ここまで上がってくると下げに転じそうだから売った方がいいかな」という感じです。

その後、ファンダメンタルズを見るようになってからは、「売上が伸びていないのに株価だけ上がっている。そろそろ株価も下がる可能性があるから早めに売っておこう」といった判断が加わるようになりました。

保有期間も次第に長期になっていきました。たとえばハーシーやスリーエムは3〜4年ほど持っていたと思います。

振り返ってみると、結果的には長く持っていた方がよかった銘柄が多いと思います。たとえばマスターカードは1・5倍くらいで売ってしまいましたが、ずっと持っていれば3倍に上がっています。

なんだ、もっと楽ちんな方法で良かったんだ！

私が早くから投資をはじめたのは祖父や両親が株式投資を当たり前のようにしていたという環境が大きく影響していると思います。

私は逆張りとか、集中投資といった「基本から外れた無謀な投資」でもお金を増やすことができましたが、大きくリスクをとったからともいえます。持っていた銀行株が暴落しても売らない、下がってもなお無謀に買い続ける、というのは大きなリスクをとった典型的な例ですね。

しかし、それらは毎回勝てる方法ではありません。**一歩間違えば、大事なお金を減らす結果になっていたかも**知れません。

実際、銀行株では300万円の投資に対して時価評価が100万円割れまで落ち込む、という経験を経ています。当時は、若かったし、投資額が小さかったせいもあり、「そんなこともある」ぐらいの感覚でしたが、株式市場という世界から退場してもおかしくなかったでしょう。

私のしてきた投資は、決して無駄な経験ではなかったと思いますが、明言できることがあります。

今の時代に生まれていたら全然違っただろう。

こんなに遠回りはしなかっただろう、ということです。

今はいろいろな情報がありますが、私が投資を始めた頃は投資に関する情報も得にくかったですし、米国株に関しては、個人投資家がブログやツイッターで等身大の情報を発信することも少なかったです。

私は頻繁な売買によって利益を得るというやり方をしてきたため、米国株の成長性がしっかりしたものだということに気付くのが遅れました。ここまでやんちゃな投資をしておいて説得力に乏しいかもしれませんが、**米国株の積み立てなら、リスクを抑えた投資ができます。**

私がしてきた投資は、誰もができる投資術ではありません。つまり、再現性が乏しいということです。

みなさんはこんなハードでストレスフルなことをする必要はなく、

本当に良いと思ったＥＴＦや投資信託ををずっと持ち続ければいい。

毎日株価をチェックしたり、売買のタイミングをはかる必要などない。
一部の投資好きの人を除けば個別銘柄を選ぶ必要もありません。

一部の人とは、投資が好きで、趣味のように楽しめて時間がかけられる人、です。仕事が忙しく、週末は家族や友人と過ごしたり趣味を楽しんだりしていて、投資に使う時間はほとんどない人。それでも、「将来のためにお金を増やしていかなければ……」と思っている人。そういう人は、**米国株市場全体の値動きを反映する投資信託や、ETFに積み立て投資する楽ちん投資でOK**です。

詳しくは後述しますが、米国株の指数は、日経平均やTOPIX（東証株価指数）などの玉石混交の日本株指数とは異なり、成長性が高い銘柄で構成されています。日経平均やTOPIXで長期的にリターンが得られるのかはかなり疑問ですが、米国株ならインデックス投信やETFでも十分なリターンが期待できます。

つまり、米国株なら敷居の高い個別銘柄の研究をせずとも、お金が増やせるのです。

下落した時に全財産を投資するといった冒険も必要ありません。

たくさんの資金がなくても大丈夫です。

定額をコツコツと積み立てていくというのが大事です。

長期的な成長が望めなければ、タイミングをうまくとらえ値動きで利益を上げていく必要があります。しかし、長期で成長が期待できる米国株インデックスなら、毎月の給料の中から、積み立て投資をしていけばいいのです。

まとまったお金がなくてもできますし、タイミングも見なくていい。つまり、誰にでも、すぐにでも、始められます。


米国株なら長期保有でリターンが期待できる。

個別銘柄もいいが、もっと簡単な投資信託やＥＴＦで十分。

まとまったお金でなく、毎月の積み立て投資でいい。


というわけです。

私も投資履歴を整理すると、20代で株式投資を逆張りではじめ、円高をきっかけに米国株や新興国株に投資し、インデックスを含めた分散を意識するようになった、という流れです。そして現在は、個別銘柄を保有している以外に、**「つみたてＮＩＳＡ」**という制度（詳細は後述します）で、米国株のＥＴＦや投資信託を積み立て購入しています。

たくさんの無駄と、たくさんのストレス。そんな紆余曲折を経て、私が達した結論です。

投資はリスクではなく、人生のリスク分散の方法

前述のとおり、就職した直後から投資をしてきたのは、仕事以外にも収入の道があった方がいいと思ったからです。会社を退職し、このような生活ができるようになったのは、複数の選択肢を作っておいた1つの結果でしょう。組織に戻りたくなれ

ば、いつでもそうすれば良いのです。

投資はリスクではなく、人生のリスク分散の方法なんです。

ブログを通じて多くの人の考えに触れました。また、これまでに250人くらいの属性を拝見しました。そこからわかったことは、お金についての価値観は人それぞれ、ということです。

1億円、2億円といった資産があってもまだ不安、という人もいます。逆に、資産がほとんどないのに不安を感じていない人も多いですね。

意外かもしれませんが年収が1000万円、1500万円あっても、資産が5000万円を超えている人は多くなく、**計画的に資産形成している人は実は少ないです。**

いずれも、お金のリテラシーや、ちょっとしたスキルでいろいろ変わってくるはずです。

たとえば、年間の生活コストを把握しておけば、どれくらいを投資に回せるかが把握できます。**投資である程度のリターンが見込めるといった基盤ができれば、収入が減った場合のリスクヘッジになり、精神的な支えになります。**

私は今も生活費を再婚した家内と2人で負担しており、いくらあれば生活できるか、今後のためにどの程度の資産が必要かは常に意識しています。

私は投資以外のことについては基本的に保守的なので、独立した時も、そしてこれから新たな挑戦をするとしても、事前に絶対大丈夫な体制を作ってから始めます。チャレンジしやすい状況を作る。そのためには収入の柱が複数あった方が良いですね。投資は私にとって、人生のリスク分散の一つなのです。

お金がある、投資で増やすことができる、こうなると生きるうえでの選択肢が増え、人生の自由度が高まります。仕事だけに集中するのはいいですが、何かあった時に絶望します。その時、ある程度の蓄えがあれば、少し休もう、ペースを落とそうなど、選択肢が増えます。

たとえば、収入を犠牲にしてもやりたいことがあるという時には、**投資で多少稼げれば、収入ダウンを補うこともできる**のです。

ブログを始めたのは、仲間たちへの感謝を伝えるため

私がブログを始めた動機は「職場で一緒に働いていた仲間たちに米国株や投資の素晴らしさを伝えたい」というものでした。**仲間たちに、人生が豊かになるような何かを伝えたいと思ったのです。**

真面目で懸命に働く、素晴らしい仲間でした。しかし、私より若い彼らは間違いなく、経済的に難しい時代を生きていくことになります。彼らに私ができることは何だろうと考え、投資の重要性とその面白さを伝えることにしたのです。

とはいえ、多くの人は投資に馴染みがありません。突然、投資を勧められれば驚くでしょうし、人によっては怪しく思うかも知れません。そこで、書き言葉で伝えようと考え、「ブログを始めたから、よかったら読んでみて」と呼びかけることにしました。不特定多数に語るブログの形をとって、彼らに伝えようとしたわけです。

町中で私が話をしたとしても、誰も足を止めてくれませんが、ブログでは1日3万とか、4万もの人が見てくださいます。投資の話はもちろん、時には自分の想いを綴ることもあり、それに耳を傾けてくれる人がいるのはすごくありがたいです。その感謝の気持ちを決して忘れることなく、繋がって発信していくということを大事にしたいと思います。

長くなりましたが、**お金は人生を豊かにする手段である**ことは間違いのないところです。人生そのものの目的にはなりにくいですが、人を自由に、人に選択を与える手段になることは間違いありません。

誰でもできる無理のない最高の投資方法は、積み立てです。

試行錯誤の末に私がたどり着いた無理のない米国株投資の基礎基本について、これからお話ししていきたいと思います。

米国株は積み立て投資が一番楽ちん

第2章

だから米国株でお金が増える

株主を裏切ることは許されない！

私は低迷が長かった日本株への投資を経て、米国株の魅力に気付きました。

先ほど挙げた、ファンダメンタルズの面もありますが、大きな理由は以下の2つに集約されます。

1　人口が増加しており、消費成長国であること

2　投資に見合った法整備がなされていること

……です。この条件を満たす国はごく限られています。

たとえば日本は人口が減少しており、消費も縮小しています。

最低限の法整備はされていますが、いまだにコーポレートガバナンスが徹底されていない面があります。先ごろ話題になったかんぽ生命の販売姿勢に関する問題など、**国を代表するような大企業でも消費者を欺く**ようなことが頻繁に起きています。たまにではありません。頻繁にです。言い方を変えると、かんぽ生命のような売り方をしてマージンを稼がないとやれない時代になりつつあるということです。縮小経済を生きるというのはそういうことなのです。

また、かつての銀行のように経営上の失敗を増資という形で平気で株主に押し付ける企業があることも、投資の難易度を上げています。昔に限らず今も増資に伴う株式の希釈が頻発しています。

増資とは、企業の資本金を増加させることです。たとえば株式投資では、会社の資産と株価を比較して株価の割安性を測る「PBR」(株価純資産倍率。株価÷1株当たり純資産)や、会社の利益と株価を比較して株価の割安性を測る「PER」(株価収益率。時価総額÷純利益)という指標があります。株式を新たに発行して増資をすると、これらの数値が既存の株主に不利な方向に変わってしまいます。

「100万円を100株で割って1株1万円の収益だったのが、**増資によって200**

株になり、２００株で割って５０００円の収益に変化した」ということです。一株当たりの収益が下がるので、株価も下がります。後出しじゃんけんで、投資することを決めた基準が変えられてしまうのです。

明らかな株主軽視であり、比較的ガバナンスのしっかりしている大企業でさえこのようなことが頻繁に起きるようでは、おちおち投資することなどできません。

米国の場合は、そもそも売り上げや利益などの数字をきちっと作ってきますし、経営が悪くなったり、**安易な増資をするようでは経営者は即座に解任**です。

日本では株主責任の解釈が間違っていると思います。

議決権があるとはいえ、経営になんら関わらない多くの株主に、株の価値を下げるという形で、「安易に」「頻繁に」責任を負わせるのは間違っています。しかし、全く改善されず、私は日本株のそういった点に愛想が尽きたとも言えます。

日本株に関しては投資の環境が少しでも良くなり、投資したいと思える企業が増えると良いと願っています。

人口と消費が拡大し続ける「米国」

株価上昇のために私が大事だと思っている2つの要素。それを満たす数少ない国が、米国です。

まずは米国株と日本株の株価推移を見てみましょう。

57ページのグラフは、S&P500と日経平均の過去30年間の推移です。

米国株にはたくさんの指数がありますが、「S&P500」は米国の大型株500銘柄で構成され、米国の株式市場全体を表す代表的な指数です。

日経平均はバブル以後、長期チャートで見ると鍋底のような形です。日経平均はバブル景気に沸いた1989年12月に3万8915円まで上昇し、バブル崩壊後30年が経過してもなお、2万円台という状態です。

対してS&P500は上昇トレンドで、優位性があることが一目瞭然です。

次ページの図はTOPIXとS&P500の株価推移を比較したものです。

TOPIXが史上最高値をつけたのは1998年12月で2884ポイントでした。その後、バブル崩壊で株価は下がり続け、2012年6月には695ポイントまで下落しています。最高値から4分の1以下の水準です。

以後は上昇に転じましたが、19年9月の時点で1600ポイント近辺です。30年を過ぎてもなお、最高値に遠く及ばない水準なのです。**TOPIXのチャートは右肩下がりの曲線を描き、長期成長していないことが見て取れます。**

対してS&P500のチャートは、きれいな右肩上がりを描いています。98年12月に1200ポイント台だった水準が、19年9月には2900ポイント台まで2倍以上に上昇しています。リーマンショック後の2009年（一時730ポイント台）も超え、しっかりと右肩上がりで成長しているのです。**米国株であれば、短期的には上げ下げがあるものの、長期保有ではリターンが得られた**ことがわかります。

TOPIX チャート

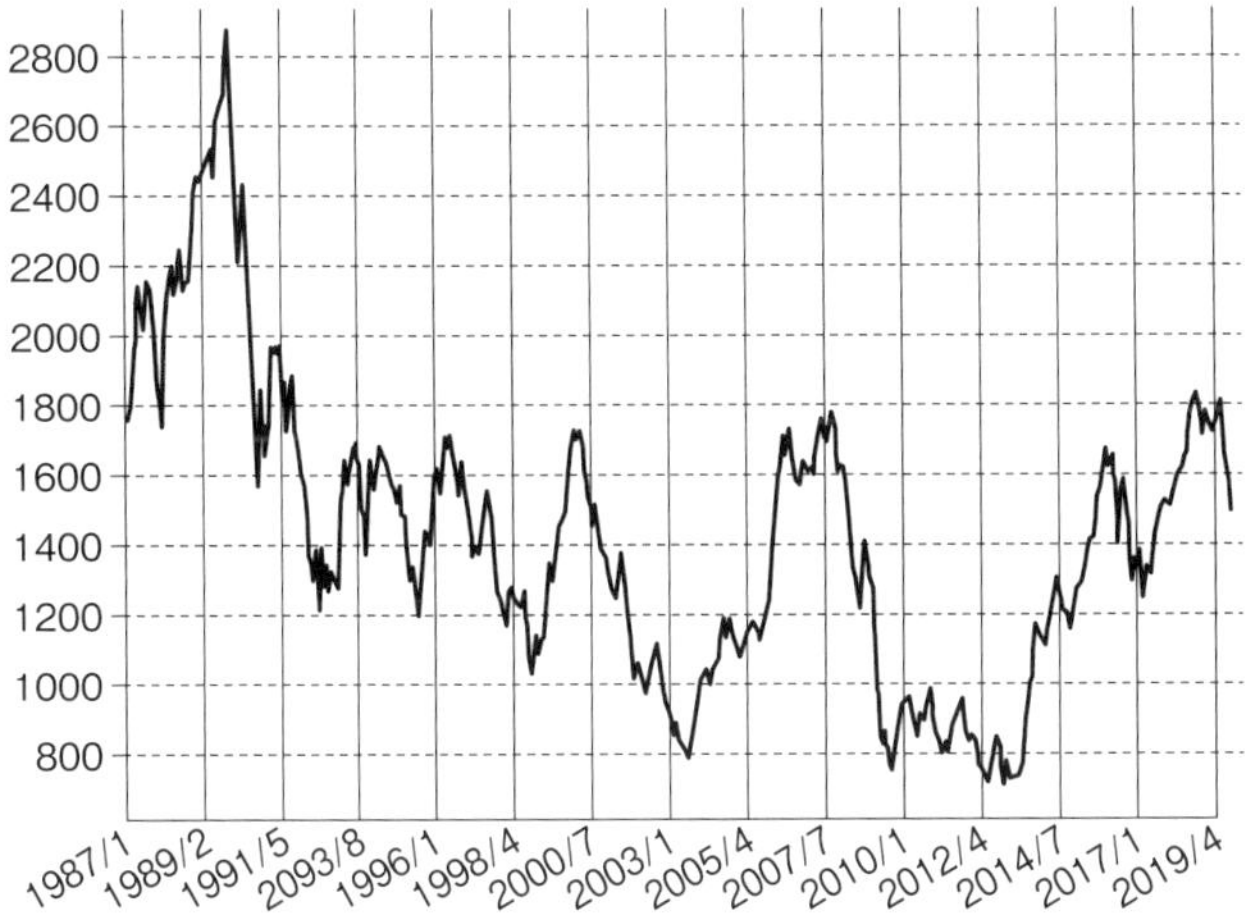

JPX

S&P500 チャート

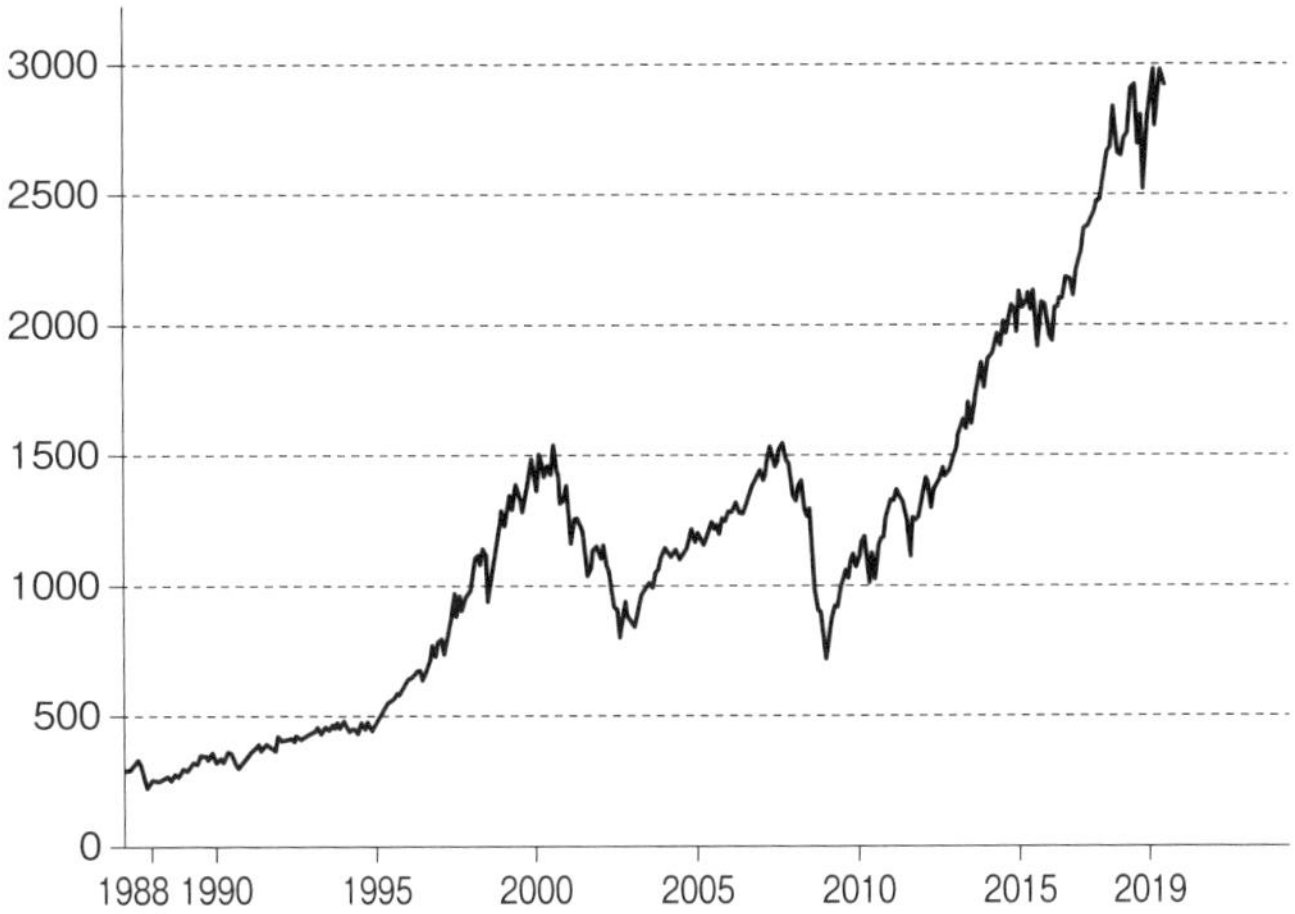

YAHOO! FINANCE

米国の株式市場は企業を甘やかさない

米国では、経済成長とともに株価指数が上昇しています。

それは、米国の株式市場が株式指数を伸ばすような仕組みづくりをしているからです。

株式会社が株式市場に上場する際には、取引所が定める厳しい上場基準をクリアする必要があり、めでたく上場したあとも、基準から外れれば上場廃止となります。

米国のニューヨーク証券取引所やナスダック証券取引所は上場基準が厳しく、かつ上場した銘柄についてもしっかりと評価し、成長性がない銘柄は即座にＯＴＣ（店頭）市場に移されます。

上場を維持するため、企業は必死で利益を生み出そうとし、それによって**株式市場には成長性の高い銘柄だけが集まることになり、自ずと株価指数は上がる**、というわけです。

株主に対する姿勢、言い換えれば株価に対する意識の高さが、米国株の上昇に繋がっている、ということですね。

対して日本では上場基準こそ厳しいものの、**よほどの不祥事でもなければ退場にはなりません**。そのため、東証一部企業は増え続けており、今や圧倒的に企業数が多いのが東証一部となっています。

GDPなどの経済指標が上がらないうえに、業績がふるわない非効率な企業群が東証一部に属し続けるために、株式市場の新陳代謝が起きません。代表的な日本株指数であるTOPIXがなかなか上昇しないのは一つの象徴と言って良いでしょう。

過去50年、年平均20%超のリターンを獲得し続けてきた世界的に有名な米国の投資家に、ウォーレン・バフェット氏がいます。**彼は妻への遺言で「現金の10%を短期国債に、90%をS&P500に投資せよ**」と言っています。

バフェット氏は個別銘柄を厳選して投資し、それが次々と高いリターンをあげてきました。ある時は株式を保有し、ある時は100％出資して自社の傘下に収めてきました。しかし、バフェット氏が引退すればそうした投資を続けることはできません。個別株投資は米国株といえども、ある程度良しあしを見抜く力が必要だからです。

しかし株式指数であるS＆P500への投資でも十分なリターンが得られる、つまり、米国株市場には長期的な成長が見込める、と氏は考えているのです。

これは、適切な銘柄の入れ替えがあるから実現できることですね。**インデックス投資とは、このように成長する市場に投資をするのが基本**ということになります。

人口は今後も増加。消費力も成長力も維持

出生率は決して高くないですが、**米国の人口は増え続けています**。

これはよく知られるように、移民で成り立った国という歴史的な背景が大きいですね。今も多くの移民を受け入れています。

人口が増えれば、衣食住をはじめとしたモノ需要が高まり、消費活動が盛んになり

アメリカと日本の人口推移予想

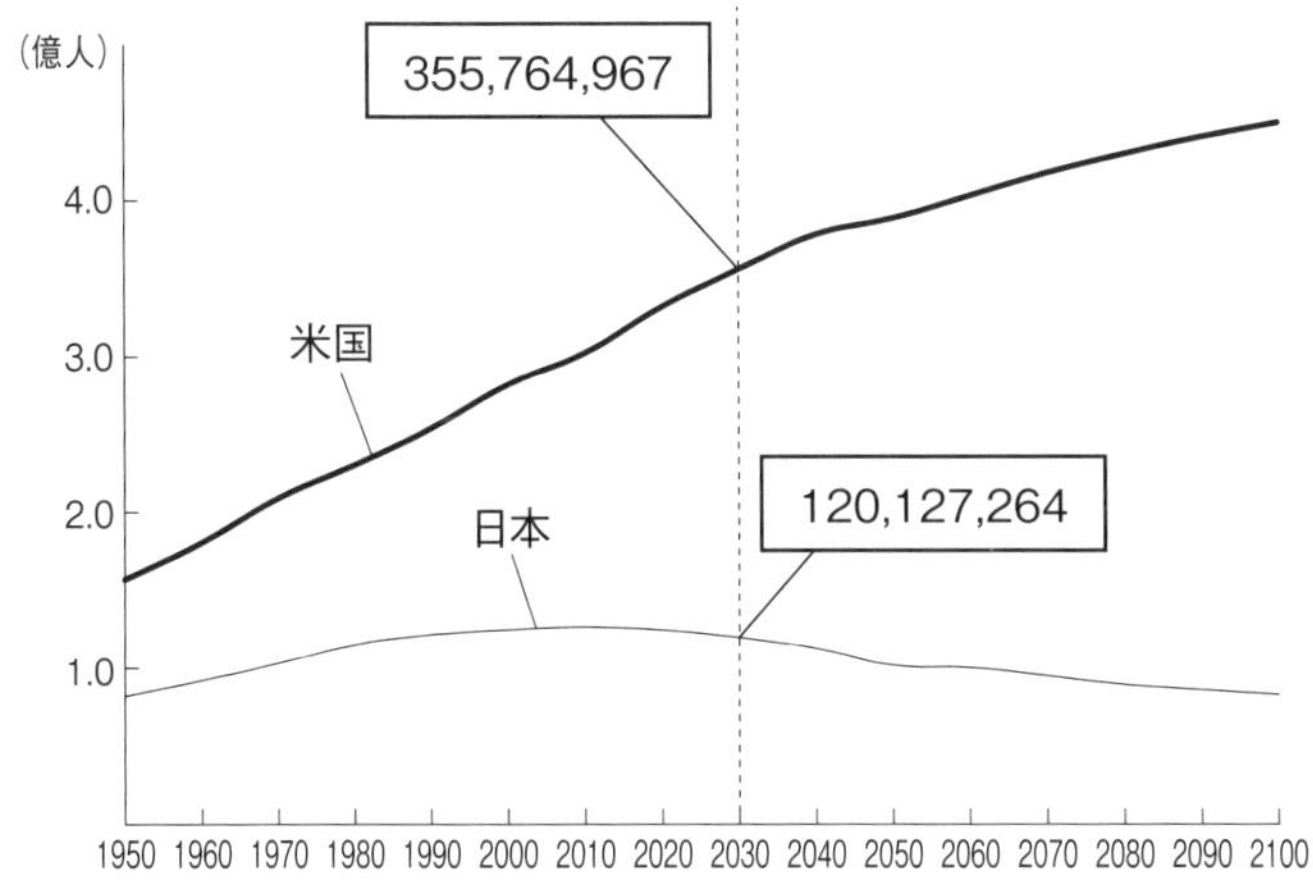

国連、IMFのデータを基に作成

ます。若年労働力が確保できるため、労働生産力が維持され、向上します。同時に社会保障を担う層が存在することになるので、社会保障負担も過度になりません。これは税金の使い道が社会保障で圧迫されないことを意味し、適切な税金の再投資が可能となり、ひいては国の成長力に繋がります。

米国の人口は、**2030年には人口3・5億人、2050年には3・8億人**を超えると見込まれています。そのことからも、今後も長期にわたって米国経済は堅調に推移すると考えられます。

特に経済が好調な現在の米国には世界中

の人材と富が集中していると言っていいでしょう。ドルという世界の決済通貨を持つ基軸通貨国であることも、強みの一つです。

繰り返しますが法整備も十分で、株主の存在感は他国に類を見ません。現代資本主義の考えはここから始まり、世界のルールが変わる時はいつもこの国から始まります。

ITイノベーションで世界経済の中心

米国はイノベーションの国でもあります。

米国経済もつねに好調だったわけではなく、１９９０年代、２０００年代は苦戦しました。そこから復活を遂げる原動力となったのが、彼らの開発したインターネットです。

インターネットは米国発であり、その土台であるプラットフォームはアップル、グーグル、フェイスブック、アマゾンなど、よく知られる米国企業が握っています。

これらの企業に限らず、世界的に有力なＩＴ関連企業の多くは米国企業です。**イン**

ターネットというイノベーションにより、覇権国としての米国の寿命が長くなったといえます。

視野を広げてみると、軍事もそうですし、金融、ヘルスケアなど、多分野において米国は主導権を握り、ルールを決める側にあります。それによって企業利益が生み出されている面があるのも事実です。

米国では成果を出さない経営者は即交代

株式には売買によって生じる売却益（値上がり益）と、企業収益の分配として配当というリターンがあります。**キャピタルとインカム（配当）です。**

イギリスをはじめとするＥＵ各国やオーストラリアの企業も配当の水準は高く、配当利回りが６〜７％の企業もあります。しかし株価指数はさほどパッとせず、株価も一部を除いて横ばいであり、**米国企業のように売却益もインカムも、両方期待できる企業**は多くありません。

米国企業に高水準の安定配当があり、しかも成長性もあるというのは、やはり企業統治をはじめとする株式を成長させる仕組みがしっかりしてるからです。

日本はこの辺りはゆったりしています。たとえば、日本は長きにわたって株の持ち合いがありました。株の持ち合いには、企業同士が株を持ち合うことで、経営を安定させるという狙いがあります。銀行を頂点としたこの持ち合いは、護送船団的で互助的な機能がありました。今も緩やかながら存在していますね。

一方、**米国では投資家の目が厳しく、経営者の評価の仕組みが日本とは全く異なります。**日本では、不祥事でも起きない限り経営者が退場させられることは、そうありませんが、米国では経営上の成果が出なければ経営者は交代ということになります。

成長力を高めるため、他社で実績をあげたプロ経営者を引き抜いて登用する、という発想もあります。日本でもプロ経営者を招聘した会社はいくつかありますが、生え抜きのプロパー社員が厚遇される傾向が強いですし、資本関係のある銀行から経営者を招くこともあります。米国の場合はそういった関係性で選ぶのではなく、**経営者と**

しての資質、能力があるプロ経営者がトップに就いていることが多いです。

株価向上は経営者にとって至上のミッション

そのため、米国企業の経営者は、ROEや営業利益率、粗利、売上など、投資家が満足する数字を達成することを強く意識しています。マージンの出ない、たとえば営業利益率の低い部署はスピーディに切り捨てます。**一株価値、会社価値をどのように上げるかが至上のミッション**と言えます。

たとえば近年、私が「ずいぶん思い切ったことをするな」と思ったのは、マグロウヒルという企業です。

マグロウヒルは、**米国株投資家のバイブルとされる『株式投資の未来』の著者**で有名な投資家でもあるジェレミー・シーゲル氏も推す、リターンの優れた企業でした。

もともとは経済誌『ビジネスウィーク』などを発行していた出版社でしたが、企業の信用格付けなどを行うスタンダード＆プアーズ社を買収し、出版部門、教育出版部門などを売却しました。ちなみに現在、『ビジネスウィーク』は大手経済情報サービス会社ブルームバーグの傘下になっています。

マグロウヒルは学校の教師だった人が創設した会社で、教育出版部門はマグロウヒルの祖業と言えます。しかし出版事業の事業環境が厳しいのを見通し、金融サービスの方が成長性があると判断して、売却に踏み切ったのです。

以後、金融サービス業が事業の中心となり、２０１６年以降は「Ｓ＆Ｐ Ｇｌｏｂａｌ」と社名を変えました。

マグロウヒルに限らず、**数字でシビアに経営判断をするのが米国企業の特徴**です。ドラスティックなイノベーションが起きやすく、その成長性が連続増配当や株価上昇に繋がっているのです。

結果が出なければ部署がなくなってしまったり、経営者がすぐに変わったりしてしまうのですから、米国企業で働くのは大変だと思います。

もしかしたら働きたい組織ではないかもしれない、競争の激しい組織です。しかし、投資するには最適、なのです。

新興国では経済成長と株価がリンクしない

相場は生き物で、何もなく上がり続けることは、ほとんどないと言っていいでしょう。最近では２０１７年の相場が無風の右肩上がりでした。しかし、相場というのは強弱混在するので、どうしても下がる時があり、一時的な下落はやむを得ないともいえます。

相場の下落が怖いのは、成長性のない市場を買うからです。

日本ではアベノミクスでＥＴＦの買入や金融緩和を行い、一定の効果はありました。しかし、あれだけ日銀がＥＴＦの買入を行い、下支えしたことが明らかなのに、ここまでしか上がらない、という見方もできます。厳しい世界なのですね。

それは日本に限ったことではなく、ほとんどの新興国、ほとんどの先進国が似たような状況です。インドなどいくつかの例外はありますが、右肩上がりの株式市場は、実はさほど多くはありません。

経済が成熟した国は株価も伸びにくいので、高成長を望むなら新興国に投資した方がいい、という説もあります。確かに新興国の経済は成長すると言われ、実際、GDPは見事に伸びています。

ところが、株価はさほど上昇していません。つまり、**新興国ではGDPと株価が連動していない**のです。それは市場の効率性がないからです（71ページ図参照）。

市場の効率性とは、簡単に言うと、銘柄（企業）について正しい情報が開示されており、それを市場（投資家）が正しく評価している、適正な株価が付いている、ということです。

市場の効率性がない、つまり適正な株価が付いていない状況については、企業についての正しい情報が不足している、あるいは、企業の成長力などとは離れたところで無秩序にお金が流出、あるいは集まり過ぎている、といった要因が考えられます。

多くの新興国は、**経済が成長しているのに株価が相応の上昇をしていない**、市場が非効率な状態にあり、粉飾や汚職などもその要因です。「新興国は経済成長するから投資すればリターンが得られる」とは言い切れないのです。

また、現地通貨の高インフレなども投資を難しくしています。常にインフレ負けしない株価の上昇、あるいは配当が求められるからです。

金融市場の規模が新興諸国より小さく、流動性が低い「フロンティア」という市場(国)もあります。

国をグループ分けすると、大きくは、先進国、新興国、フロンティア、それ以外、という4つに分類でき、新興国は4段階の中で上から2番目のカテゴリーです。新興国というと開発途上国をイメージするかもしれませんが、フロンティアに比べるとリスクは小さく、実はそれなりの地位のある国々です。

複数の新興国の株式で構成される新興国株の株価指数には、中国株が15～20％程度入っていますが、中国はここ10年ほとんど株価が上昇しておらず、それが新興国株指数の伸び悩みに繋がっています。ブラジルは若干復活しましたが、ロシアも伸びていません。**ＢＲＩＣＳと騒がれたのは過去の話になっています。**

ちなみにナイジェリアは産油国でもありますし、人口も2億と多く、フロンティアの中でも注目の存在ですが、それでも株価は厳しい状況です。暴落した時などを狙えばリターンが期待できる可能性がありますが、プロ向きの相場であり、積み立てて寝かせるようなシンプルな投資をしたい人はあまり意識しなくてもいいでしょう。

低成長になっても、米国一択は動かない

いやいや、過去はそうだったかもしれないが、今後の米国株市場はどうなのだろう

中国実質 GDP（上）と上海総合指数チャート（下）

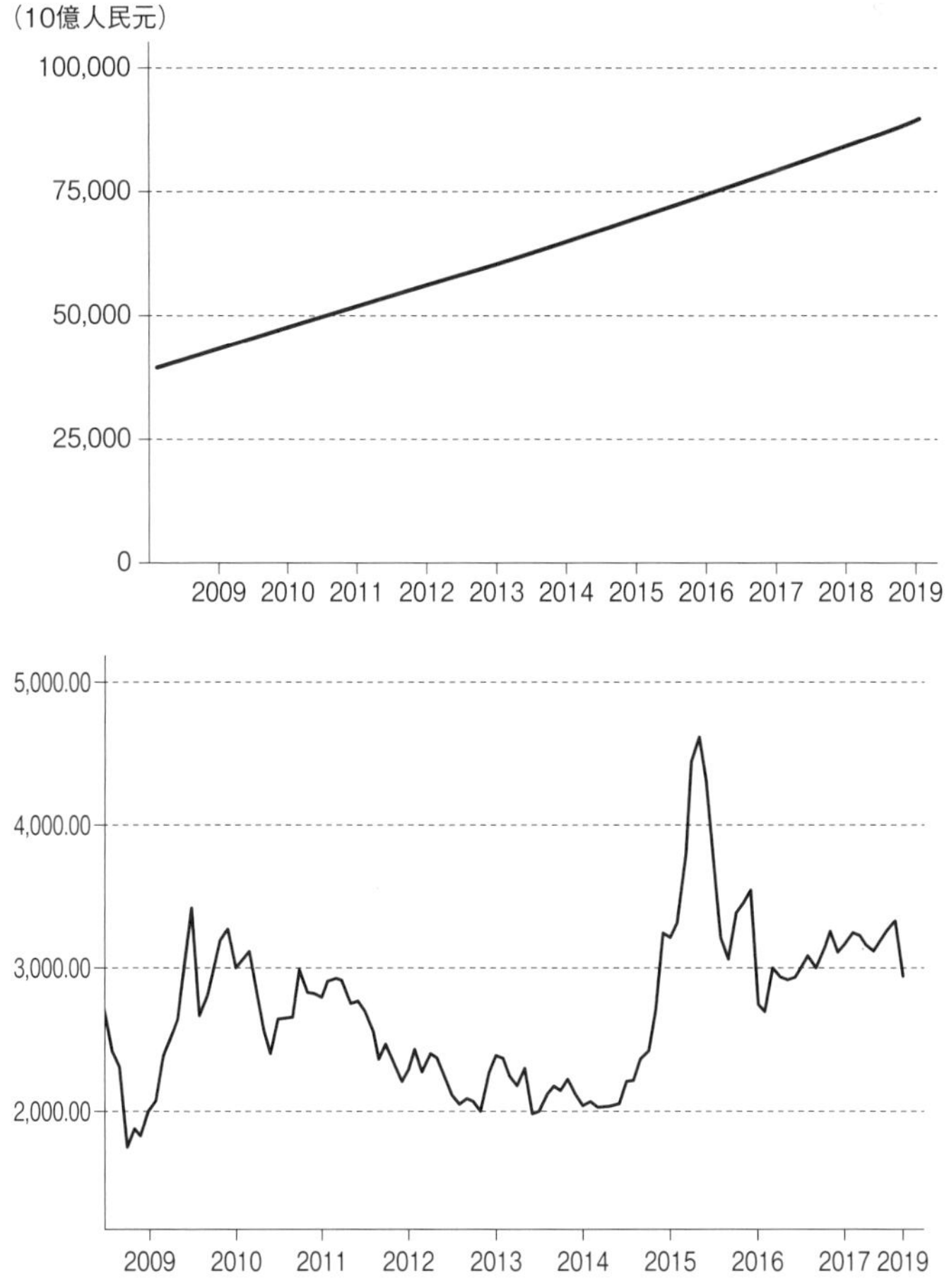

IMF/SNA/YAHOO! FINANCE

か、そんな単純に話は進むのだろうか、と思う方も多いでしょう。
米国はデフレから脱却できない日本をしり目に、2018年、政策金利を引き上げる利上げを行いました。利上げには、景気が過熱するのを防ぐ、という目的があります。しかし、長続きせずに2019年7月末には利下げに転じています。この利上げによって証明されたのは、**米国でさえも低成長の時代を迎えつつある**、ということでした。

先進諸国と比較するとまだまだ高金利ですが、以前と比べるとやはり米国も低金利です。かつてのような大幅な利上げはできない時代なのですね。

そういった材料も念頭に置く必要がありますが、それでも、日本やEUの低成長ぶりとは比較にならず、**投資対象として考えられるのは米国一択**です。

日本だけで生活していると気付きにくいですが、世界的な視点で見ると、**日本円の実質価値も減価しているということなのです。**

日本に海外からの旅行客が増えたのは、日本の物価が下がり、旅行しやすくなったからです。

私が京都に住んでいた20年前は、京都に外国人観光客などほとんどいませんでした。宿泊費から食事代まで何から何までとても高く、日本旅行には相対的にお金がかかったからです。日本でコストの高い旅をするならば、もっと安いコストでいろいろな国を回ることができました。今、日本は宿泊費も食事代も、かなり値頃になっています。

さらに外国人の給与水準はかなり上がっています。

かつて、日本人1人あたりの名目GDPは世界で3番目でしたが、2018年には26番目まで下がっています。世界中の人たちの年収は上がっているのに、私たち日本人の年収レベルは横ばいだったからです。日本円ベースの給与が横ばいということは、ドルベースなどで見ると**相対的に下がっている**ことになります。

物価の下落に加えて、海外の給与水準が上がったことにより、外国人から見て日本は旅行しやすい国になったのです。日本人がベトナムやタイなどを旅して物価の安さに驚くのと同じ現象です。

デフレはお金の実質的価値が上がることを意味しますが、グローバルな視点で見れば、デフレであっても日本円の実質的な価値は下がってきたということです。

基本的に、**日本円に限らず通貨の実質的価値は減価していく**ものです。そのため、何らかの金融商品を買ったり、金利を受け取るなどして、インフレ負けしないような工夫が必要になります。しかし日本では、国内のほとんどの金融商品が低金利であり、お金を増やす仕組みを作るのが困難です。

日本で暮らしているとなかなか実感しにくいですが、円の価値は下がっています。茹でガエルになる前に、成長している国に投資した方がいいといえます。私たち**デフレの国の住人は、「海外に投資することを真剣に考える必要がある」**のです。

ただし、**外貨建て保険などに走るのは間違いです**。外貨建て保険商品はマージンとキックバックが激しく、非効率で、お話になりません。

海外不動産なども、一見で飛び込んで利益が得られるようなものでもありません。

日本語しか喋れない人がいきなり飛び込んでも、現地から見れば見ず知らずの外国人ですから、方向性を間違えないようにしたいものです。

今のマーケットと、米国株の今後の成長率

米中貿易摩擦など、政治リスクも気になるところですが、**米国経済や米国株について過度に不安視する必要はない**と思っています。

世界中が低成長である中、米国が成長を続けてきたことは間違いありません。そして、それは当面、変わることはないでしょう。

企業統治や株主重視の姿勢が徹底されていること、米国の株式市場が投資家の信頼に値することもその裏付けです。

少なくとも超低金利という状況で円の預貯金だけではどうにもなりませんし、投資するにしても日本株では投資効率が低すぎます。**選択肢はやはり、米国株です。**

世界経済が低迷する中、2010年頃からの米国の経済成長やリターンはとくに目

覚ましかったため、米国株に投資する人が増えました。日本をはじめとする先進諸国が高齢化に苦しみ、産業の硬直化から逃れられない中、経済は米国の独り勝ちと言ってもいい状態だったのです。

その原動力になったのはＩＴ産業です。**アップル、グーグル、マイクロソフト**の株価は大きく上昇しましたが、それにふさわしい利益を生み出しており、株価は高騰しているのではなく、業績を正しく評価したものになっています。経済成長が株価をけん引してきたのであり、実態を伴った株価上昇、というわけです。雇用統計やＧＤＰなど主要な経済指標も、企業決算もおおむねいい内容になっています。

ただし、前述のようにここまで高水準の成長が永遠に続くとは思えません。米国の景気拡大は２００８年のリーマンショック以来10年を超え、史上最長を更新しました。

ＥＵや日本も同様ですが、すべてが自然な景気拡大というわけではなく、そこにはリーマンショック後の金融緩和の成果も含まれます。つまり、一部には需要を先取りしている部分もあり、次のリセッション(景気後退)がいつかというのは、かれこれ数年前から市場の関心事でした。

金融緩和の規模が過去最大だったことを踏まえれば、山高ければ谷深し、という言葉のように、谷が深い可能性もあります。

この10年、米国では歴史的な好景気で年率10%程度のリターンでしたが、バンガード社など、世界的な資産運用会社では、今後10年程度の米国株市場全体のリターンについて、年率4～5%になると予想しています。

完全に相関するわけではありませんが、**米国株指数に投資するインデックス投信やETFに投資すると、平均で年4～5%程度のリターンが期待できる、とイメージしておいても良いでしょう。**

20年間保有で値下がりしたことはない

景気は好不況を繰り返し、株価もそれに伴って変動します。しかし、**変動に付き合って長期投資家が右往左往することはないのです。**一時的に値下がりすることがあっても経済が成長し、それが株価に反映される米国株であれば、長期的には値上がりが期待できます。

米国株については、どのタイミングで投資しても、20年間保有し続ければ上がるという過去統計があります。

よく引用されるのは、ジェレミー・シーゲル氏が過去統計をもとに試算したデータです。

それによると、投資してから1年ではバラツキも大きく、マイナスなるところもありますが、5年経つとバラツキが小さくなり、10年ではほとんど損することはなくな

株式投資の投資期間と年平均リターンのちらばり方（1950～2009年）

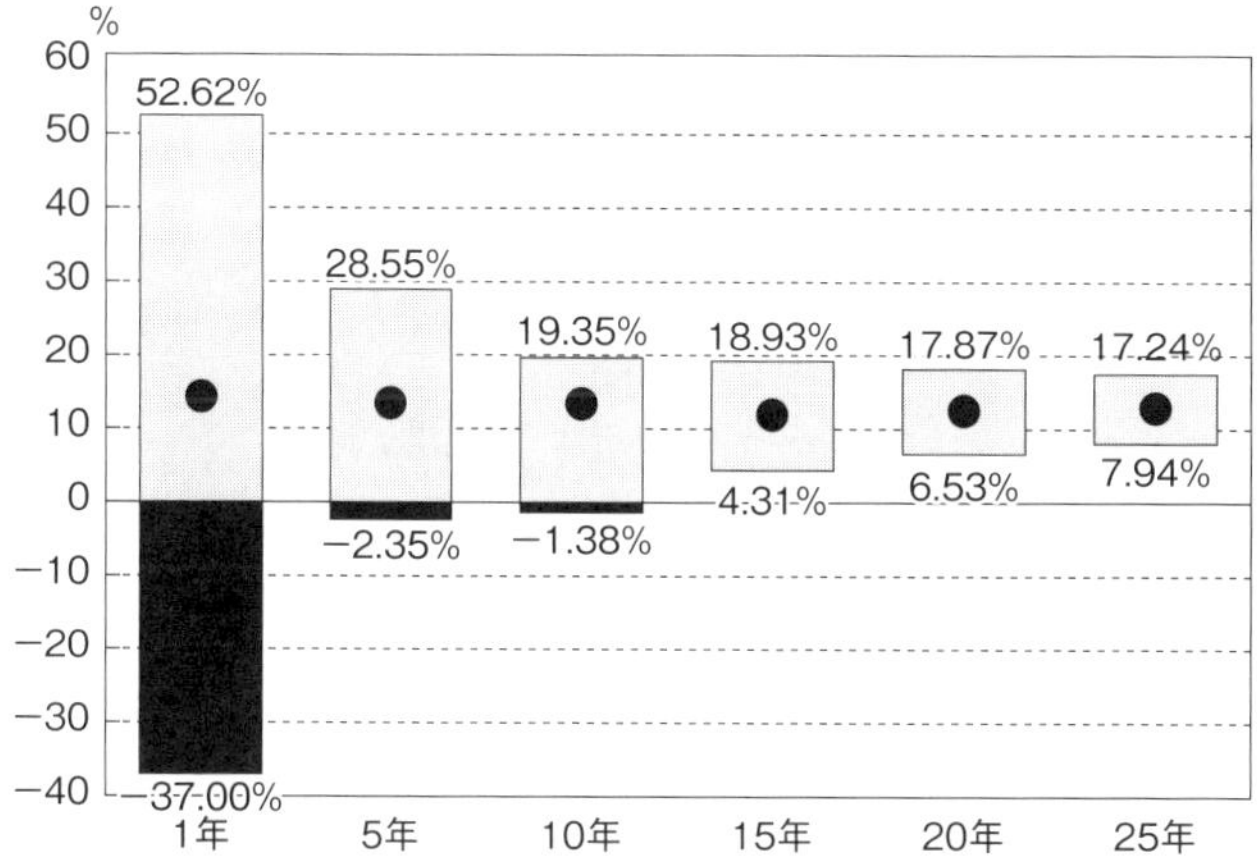

（注）●は平均値を示す。『株式投資の未来』（ジェレミー・シーゲル著）より

り、15年ではゼロになります。それは、**誰がどの時期に投資しても、そこから15年保有すれば損しなかった**、ということを意味します。

今後もそうした傾向は続くと思いますし、30年、40年と、保有する期間が長くなるほど確実性が高まるのは間違いないところです。

とはいえ、投資である以上、損する可能性はゼロではありません。それを避けるためにも、まとまった額を一度に投資しないなど、リスク管理を徹底することが重要となります。

為替リスクを考えすぎないこと

米国株に限らず、海外への投資には「為替リスク」が伴います。この場合のリスクは「危険」という意味ではなく、上にも下にもいく「ぶれ幅」のことです。

たとえば１ドル１１０円の時に投資したものが、１ドル１２０円の円安になれば10円の為替差益、逆に１ドル１００円の円高になれば10円の為替差損が生じます。このぶれ幅のことをリスクと言います。

１ドル１１０円の時、米国株に１０００ドル分を投資したとしましょう。この場合、円ベースの投資額は11万円です。

株価が10％上昇するとドルベースでは１１００ドルになり、１ドル１１０円のままなら、円ベースで12万１０００円に増えたことになります（１１００ドル×１１０円）。

また10円の円安で１ドル１２０円になると、株価の上昇に為替差益が加わり、13万

2000円になります（1100ドル×120円）。

しかし、10円の円高で1ドル100円になると、1100ドル×100円で円ベースでは11万円のままですし、1ドル100円を割り込めば11万円より減ることになります。

つまり、**米国株で得られるリターンは為替の影響も受ける**、というわけです。

しかし、**これも長期投資ならば過度に気にする必要はありません**。行き過ぎた為替はいずれ適切な水準に訂正されると考えられるからです。

特に大国同士であるドル円の関係は非常に政治的な要素があり、あまり大きく変動することはありません。極端な円安や極端な円高は日米双方において不利益が生じるためです。

長期の為替レートを決める古典的な理論に「購買力平価説」があります。

これは、「為替レートは両国の物価上昇率の比率により決まる」という説で、**ある**

購買力平価とドル円相場の推移

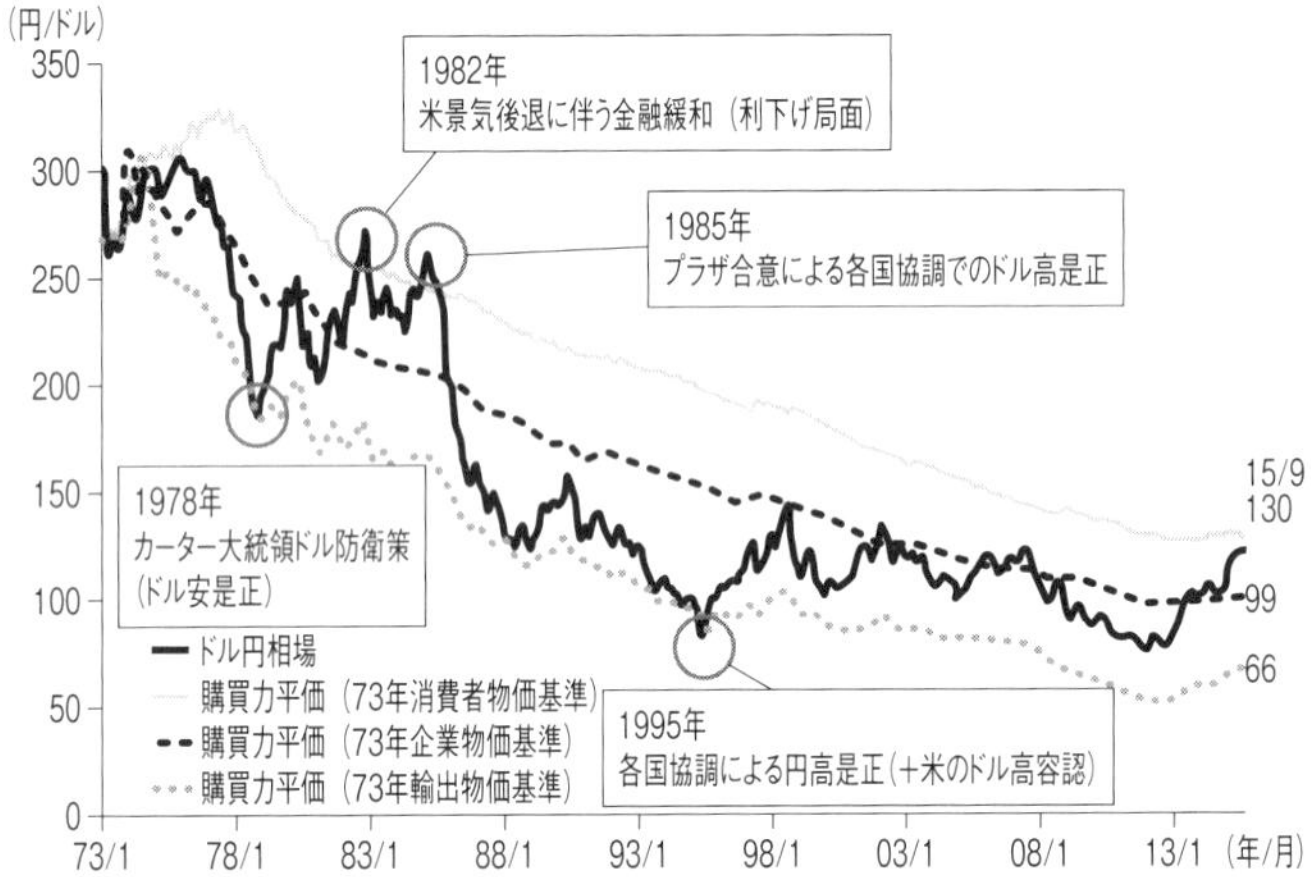

日本銀行、総務省、米国労働省、Bloombergより。みずほ総合研究所作成

国の物価上昇率が他の国より高いと、その国の通貨価値は目減りするため、為替レートは下落する、という考え方です。

絶対というわけではないのですが、古くから為替レートを分析するうえで基本と考えられている説です。実際にまともな外交関係が成立している国家間であれば、購買力平価から極端に外れた状態が長く続き、恒常化することは、歴史上ほとんどありません。

一時的に為替レートの変動幅が大きくなることもありますが、**長期保有の前提なら為替リスクは比較的おおらかに許容できます。**

国内が低金利で良い金融商品が少ないですから、為替リスクを過度に恐れることなく、米国への投資を考えたいところです。

米国株を通して国際分散投資ができる

投資のセオリーの一つに、「国際分散投資」があります。

特定の国だけに投資するのではなく、多くの国に分散投資することで値動きを安定させる、というセオリーです。

投資においては王道とされ、そのマインドは投資の基本になるものですから、尊重されてよいでしょう。

ただ、非常に難しいのは、国際分散をすると多かれ少なかれ非効率な国、あるいは非効率な企業を含むことになるということです。

米国株市場を代表する株価指数に、「S&P500」があります。

この指数を構成する大型株500銘柄の企業は、売上の6割は米国内であるものの、残り4割は米国外からの売上です。グローバル化に伴い、大企業の多くは米国外に進出しており、成長著しい情報産業なども、米国外から利益を得ている割合が小さくありません。

つまり、米国の企業は米国外の経済成長を取り込むことになります。言い換えると、**S&P500に投資することで国際分散投資ができている**ことになるのです。

米国以外の国の成長を取り込むなら、ドイツやイギリスなどの先進国、インドや中国などの新興国に直接投資した方がいい、という意見もあります。

しかし、前述のとおり、**米国企業は株主重視の姿勢を徹底しており、そのロジックはシンプルで効果的**です。そうした株主尊重の価値観に基づいて経営されている企業を通して、新興国など諸外国の成長を取り込む方が簡単です。

先進国の代表的な株価指数で国際分散投資に用いられる「MSCIコクサイ」という指数は米国、イギリス、ドイツなど、先進22カ国の株価で構成されています。国別の比率は時価総額の大きさに準じていますが、米国株はその6割以上を占めています。

つまり、**国際分散投資をするといっても約6割は米国株に投資することになる**、というわけです。

先ほど取り上げた、ウォーレン・バフェット氏は米国株のみを投資対象にしており、海外株は買っていません。世界的なETF運用会社であるバンガード社の創始者ジョン・ボーグル氏も、自身の資産は米国ETFで運用していました。

87ページのグラフは、国際分散しているETFと、米国株に投資しているETFの値動きを比較したものです。

グラフの中にある「SPY」はS&P500に連動するETF、対して、**「VT」は全世界株式で国際分散投資の代名詞ともいえるETF**です。

グラフを見ると、**米国株だけに投資するETFの方が、国際分散投資をしているETFより、はるかにパフォーマンスがいい**ことがわかります。国際分散投資では、低成長の先進国や市場の効率性に問題のある新興国を含むことでパフォーマンスが下がった、ということです。

過去に未来を見るのは基本です。

もちろん、未来永劫この傾向が続くかどうかは確定的ではありませんが、過去、そして現状から考えるに米国株に投資するのが効率的です。

現状では効率的な企業経営で知られる米国企業、米国株への投資を通して世界経済の成長を享受していく。それがベストな方法でしょう。

この傾向は、たとえば米中の力関係が変化するなど、なにかドラスティックに世界の枠組みが変わらない限り続く。私はそう確信しています。

米国株だけに投資するSPYの方がはるかに好成績

YAHOO! FINANCE

日本円の資産だけでは不安な時代がやってくる

そうは言っても米国という海外への投資、特にドルで資産を持つということに不安を覚える人もいますね。その発想を逆にしてみてください。

日本で暮らしている私たちは日本円で給料をもらい、年金を受け取ります。つまり、**日本で暮らしているというだけで、日本円のポジションをかなりとっていることになります。**

対して米国株に投資すれば、円をドルに替え、ドルで株式を持つことになります。結果として通貨の分散、資産の分散ができます。

たとえばカンボジアではカンボジアリエルだけではなく、ドルが流通していますし、ベトナムにおいてもベトナムドンだけではなくドルを使うことができます。中国やタイでは金が非常に信頼されており、街中で金を購入することができます。実は、自国通貨のみを信用して保有し続けるというのは、それだけ自国通貨への信頼、信用があるということであり、非常に恵まれたことなのですね。

しかし、今後は未曽有の高齢化、さらには人口減少となります。極端な経済不安を心配する必要はないですが、通貨の分散、資産の分散は困難な時代を生き抜く投資術として押さえておいて良いでしょう。

日本のすべての資産がいけないわけではなく、たとえば東京の不動産の利回りは世界の大都市の不動産に比べて高い水準にあります。自国の資産を持ちたいのであれば、不動産を運用するという方法もあります。

国によって強いアセットと弱いアセットがあるので、通貨や株式などの金融資産だけで考えるのではなく、現物資産も含めて考えるのも悪くはありません。

知恵者は投資する地域を分散させる

そもそも分散投資は、「有望な資産に集中投資して効率的に増やすことをめざす」のではなく、**「さまざまな資産に投資して、いずれかが下がっても、ほかの資産が値上がりして補完するなど、資産全体の値動きを安定させる」のが目的です。**これはある意味では非効率といえます。特に今のような米国株偏重の上昇相場では、そう考える人も多いかもしれません。

分散投資は資産の安定を求めるという点から、人にもすすめやすいといえます。世界経済はゆるやかながらも成長することが自明であるため、世界中に分散投資をすれば、値動きを安定させつつ、リターンが期待できるからです。

個別銘柄の中には、欧州にも、新興国にも、期待できる銘柄はあります。個別銘柄が選べる人は米国以外の銘柄に投資するのもいいですし、私も個別銘柄については米国株以外の銘柄にも投資してきました。

しかし、米国株以外の投資信託やETFに積み立て投資するのであれば、注意が必要だと思っています。

インデックスでは、その市場自体に成長という魅力があり、実際に右肩上がりの市場でなければ意味がない。たとえば、退場すべき企業が多く含まれるTOPIXを買うというのはいい選択ではありませんね。

過去の値動きを見る限り、**インデックス投信やETFを使って株式に積み立て投資するなら米国株投資**になるでしょう。

しかし、どうしても**米国株のみでは不安だという人は、オールカントリー、つまり全世界の株式に投資するインデックス投信やETFという選択肢もあります。**より安定的な資産運用を狙うということならば、そういう考えもあるでしょう。

ただし、ヨーロッパのみ、日本のみ、となると成長性が低いのはわかり切っていますから、長期で積み立て投資するのはあまり意味がありません。

債券などへの資産分散も視野に入れる

おすすめの国は米国ですが、資産分散は必要です。

エリア分散ではなく、**資産分散によってリスク低減を図ります。**

株式と逆の値動きをしやすいのは、債券です。

債券とは借用書のようなもので、国が発行したものは国債、企業が発行したものは社債と言います。債券を買った投資家は、利息を受け取ることができ、償還日（満期）には額面分が償還されます。

発行体の安全性が高ければ利率は低く、逆に安全性が低ければ、利払いや償還が滞る危険性があることから利率が高くなります。リスクに応じた利回りということです。

景気悪化などで株価が下落する局面では、**質への逃避**と言い、投資家は株式を売って安全性の高い債券を買う動きが起きます。

そうなると株価は下がっても、債券価格は上がることになり、逆の値動きをしやすくなります。そのため**株と債券を持っていれば資産全体の値動きが安定しやすい**というわけです。

つねにそうなるわけではありませんが、それでも株に比べると債券のほうがはるかに底堅い動きをするので、資産の増減をマイルドにする、上下動を小さくするツールとしてよく使われます。

国内債券はこの超低金利下でほとんど利息が期待できません。対して外国債券（外債）は、低いながらもまだ金利収入が得られます。外債には為替リスクが伴い、利息があっても為替変動によって利益が消える可能性があることを念頭に置く必要があるものの、日本円もしくは国内債券で置いておくよりは魅力があります。為替変動リスクが許容できる投資家には魅力の商品となっています。

人口も消費も
増え続けるから
米国経済は堅調！

第3章

米国株投資はインデックスか、個別株か？

インデックス投資は誰でも簡単にスタートできる

米国株の魅力や、投資信託やＥＴＦで十分リターンが期待できること、時間分散、資産分散でリスクを低減した方がいいことなどをお話ししてきました。

ここからは、米国株投資について、より具体的に述べていきます。

まずは、「個別株」がいいか投資信託やＥＴＦに投資する「インデックス投資」がいいかについて考えてみます。

個別銘柄のメリットは、大きく値上がりする銘柄に適切に投資をすれば、効率的にお金を増やせることです。

しかし、銘柄選びには、ある程度は知識や情報が必要ですし、株価の推移をチェックするなどの手間もかかります。残念ながら誰にでもセンスがあるわけではなく、銘柄選びや売買のタイミングを誤ってしまうこともあります。なにより、インデックスよりも値動きが上にも下にも大きい、つまりばらつきが大きいのが特徴です。リスクが大きいというわけですね。

対して**投資信託のメリットは誰にでも簡単に取り組みやすいこと**、です。

2章でも述べたように、米国株市場は厳しい基準で運営されているため、利益が出せる力のある銘柄が集まっています。

米国株市場でも、旬を過ぎた銘柄や、ある時期、利益が出せない銘柄もあります。利益が出せない銘柄を拾ってしまうと、リターンが得られない可能性があるのは当然ですね。難しいのは、上昇する銘柄と下落する銘柄をズバリ見抜けないということです。

インデックス投資とは特定の国、特定の市場など、あるテーマに沿ったほとんどすべての銘柄をまとめてパッケージで買うことになります。つまり、個人ではなかなか難しい、多くの銘柄分散を図った買い方が簡単にできるというわけです。これは、金融テクノロジーの恩恵の一つと言って良いでしょう。

銘柄の分散を図れば、投資のリスクはより抑えられますが、個人で管理できる銘柄には限りがあり、せいぜい10から20銘柄くらいでしょう。それが、投資信託やETFならば、何百、あるいは何千という銘柄に一気に投資できるのです。


もちろん、業績の良くない銘柄が入っていれば多少、足を引っ張られることもあります。そのため、業績の良い上昇銘柄のみを集めた個別株群よりもパフォーマンスは落ちます。しかし、その上昇銘柄を見抜くのが至難の業なのです。

投資信託には、運用のプロが銘柄選択することでより高いリターンを目指す「アクティブファンド」というタイプもありますが、昨今では**多くのアクティブファンドはインデックス投資に勝つのは難しい**ということが広く知られています。株式投資というのはそういう難易度をはらんだ活動なのですね。

インデックス投資ならば、簡単に買えて、銘柄分散の効果を得ながらリターンを享受できる、というわけです。

数字を楽しめる人、感性がある人は個別株向き

米国の有名な株価指数に、「ダウ30種（ダウ工業株30種平均）」という指数があります。ニューヨークダウ、ニューヨーク平均株価などとも呼ばれます。

銘柄は時代に合ったものに入れ替えられており、今のように30種となった１９２８年から現在に至るまで、ずっと残っている銘柄はただの１つもありません。すべての銘柄が入れ替わっているのです。

それが何を意味するかというと、**永続的な企業はほとんどない**、ということです。人間の寿命から考えると、投資できる期間はせいぜい50年くらいでしょうか。たとえば50年前（１９６９年）から現在（２０１９年）までダウ30種に入り続けているのは、**P&Gとエクソンモービル**しかありません。社会が変容する中で、企業が永続的に成長力を維持するのは今後ますます難しくなるでしょう。変化のスピードは、加速こそすれ、停滞することは有史上ほとんどないのです。特に産業革命以後は顕著です

し、近年で言うとＩＴの登場以後はさらにそうでしょう。

投資額がある程度まとまった額になると、リスクを抑えるためにも10銘柄、20銘柄といった数に分散する人が増えます。１銘柄に集中投資する人もいますが、リスク許容という意味から考えると、ある種の天才筋ですね。いずれにしても、リターンが乏しい、業績がパッとしないなどネガティブな理由があれば銘柄の入れ替えをしていかなければなりません。

そのためには、新たな銘柄を選び、決算資料などで業績を確認し、入れ替えを検討する必要があります。当然ながらそれなりに時間もかかります。

そうしたことが、趣味的にできるかどうか、楽しめるかどうかが、個別銘柄に投資するか、インデックスにするかの大きな分かれ道です。

それを楽しいと思える、またその時間がある、という人は個別株に向いています。続けているうちに、だんだんと数字の意味が分かるでしょうし、相場の流れやクセのようなものもつかめるようになってきます。

ただし、企業の業績が分析できるからといって、株式投資で成功できるかと言えば、そうとは限りません。

企業は定期的にＩＲ（インベスター・リレーションズ）として経営状況や財務状況、業績動向に関する情報を発信していますが、ＩＲ資料が読みこなせる人が株で勝てるのであれば、世の中の数字の読める人は全員大金持ちです。確率は高いでしょうが、必ずしもそうはなっていません。

知識だけでなく、リスク許容や相場環境によって右往左往しないような独特の感性のようなものも必要ということですね。逆に言うと、知識があるから勝てるわけではないのが投資の醍醐味でもあります。

目標金額は1億円か、5000万円か

個別銘柄とＥＴＦや投資信託のどちらがいいかは、投資スタイルにもよります。

個別株投資で成功するには感性も必要、と述べましたが、私にその感性があるかと言えば、ごく普通であり、自分では感性があるとは思えません。運に恵まれた面も大きいと思います。

地合いにも助けられて米国株で1億円を突破したものの、「早く売り過ぎた」「あの銘柄はやっぱり投資しておくべきだった」と思うことが山ほどあります。それなりに懸命に投資してきたこと、かなり大胆にリスクをとったことで1億円を達成しましたが、さらなる感性があれば2億円、3億円になっていたのではないでしょうか。

ともあれ、私が思うのは、「**1億円つくるにはそれなりのリスクをとらなければいけないけれど、5000万円ならかなり多くの人が達成できるのではないか。時間を味方に付ければ全然夢ではない**」ということです。

投資額にもよりますが、一般的なサラリーマンやOLが1億円つくるにはある程度のリスクを取る必要があります。短期になればなるほどそうです。たとえば私がしてきたように、株価の下落局面や上昇場面でガンガン買うなど、相場の流れと違うことをする、リスクを取る投資で達成する道もあります。

でも、それは万人におすすめできる方法ではありません。それなりに確信のようなものがないとできないですし、一歩間違えれば資産を大きく減らします。資産を減らすというプレッシャーに耐えられる人は、リスク許容度が大きいとも言えますが、かなり少数派でしょう。

そんな冒険はしなくとも資産運用はできます。**目標5000万円であれば、継続と時間を味方につければ難しくありません。**

月10万円を20年間積み立てるとしましょう。

1億円を達成するには、年率12・1%の利回りが必要です。対して**5000万円であれば、年利6・7%の利回りで達成**できます。

年平均12・1%のリターンを得ることも不可能とはいいませんが、投資信託やETFでは難しく、個別銘柄への投資が必要でしょう。しかし6・7%であれば、投資信託やＥＴＦでも可能性はあります。

ちなみに、**月10万円・25年間の積み立てでは、年率８・35％の利回りで約１億円、年率３・82％で５０００万円が達成できます。**

２００９年からの10年間の米国株のインデックスは10％の利回りを超えています。ただし、このペースが続くと考えるのはやや無理があり、今後の10年はもう少し保守的に見たほうが良いでしょう。今後の予想は難しいですが、それでも米国株なら少なくとも４・５％程度は期待して良いと思います。

そう考えると５０００万円の達成はそれほど難しくなく、早く始めることがいかに大事か分かります。

2000万円、3000万円なら継続したインデックス投資で達成できる

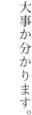

では、投資信託やETFではどのくらい増えるでしょうか。

前述のとおり、今後、米国株は年4・5%程度の成長と仮定します。

昨今必要な老後資金として話題になった、2000万円を目指すとしましょう。

積立期間が20年なら、月々5万4529円を積み立てれば2000万円を用意することができます。積立期間が10年しかなくても、毎月13万6000円を積み立てれば達成できます。

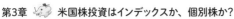

目標額を3000万円にするとどうなるでしょう。
積立期間が20年なら、月々8万2000円です。

20年で月々5万4529円という数字は、奇しくも非課税枠である「つみたてNISA」(115ページ、218ページ)と「iDeCo」(220ページ)を組み合わせて積み立てられる額に近似します。

2000万円なら達成できる、3000万円もいけるかも、と思う方も多いのでは

積み立て期間と積立額による達成額早見表／年率4.5%の場合

		積み立て期間				
		10年	15年	20年	25年	30年
毎月の積立額	3万円	約454万円	約769万円	約1164万円	約1659万円	約2278万円
	5万円	約756万円	約1282万円	約1941万円	約2765万円	約3797万円
	7万円	約1058万円	約1795万円	約2717万円	約3871万円	約5316万円
	9万円	約1361万円	約2308万円	約3493万円	約4977万円	約6834万円
	11万円	約1663万円	約2821万円	約4269万円	約6083万円	約8353万円
	13万円	約1966万円	約3333万円	約5046万円	約7189万円	約9872万円
	15万円	約2268万円	約3846万円	約5822万円	約8295万円	約1億1391万円

※年１回複利計算　資産運用シミュレーション（金融庁）を基に作成

ないでしょうか。ＥＴＦや投資信託で十分に資産形成ができる、というわけです。

　仕事をしながら個別銘柄に投資するのはなかなか大変です。それが楽しめる人は別ですが、そうでない方は、**ＥＴＦや投資信託で手のかからない投資をコツコツとすればいいですね。米国株であれば、それで十分なリターンが期待できます。**

　目標額を達成するために、毎月いくら積み立てればいいか、利回りによってどう変わるか、インターネットで簡単に試算できます。「金融庁　資産運用シミュレーション」などで検索できるほか、証券会社のサイトなどにもあります。投資のモチベーションが上がるので、試してみるとよいでしょう。

投資信託か、ETFか

米国株インデックス投資には、いくつか選択肢があります。

- **投資信託**
- **国内上場ETF**
- **海外上場ETF**

などです。

最も手軽なのは、投資信託です。

投資信託は、ベンチマークと言われる特定の株価指数などに連動するように運用されます。

投資信託には、指数を上回る投資成果をめざす「アクティブ運用型」もありますが、株式指数を上回る投信は多くなく、**インデックスの方が低コストで合理的**です。


運用を行う運用会社、販売する販売会社（証券会社や銀行など）、資産を管理する信託銀行の3社が関係しており、投資家の資産は保全されています。そのため、いずれかが破綻した場合も資金が失われる心配はありません。

購入時には購入時手数料、保有している間は信託報酬や資産を売買するための実費、監査を受けるための費用などが差し引かれます。購入時手数料は投資信託や販売会社によって、信託報酬は投信によって異なります。また解約時に信託財産留保額という費用が差し引かれる投信もあります。

コスト、とくに信託報酬はリターンに大きく影響するため、**低コストの投資信託を選ぶことが大切**です。つみたてNISAでは、金融庁が低コストの投信を選定していますので、それを参考にするのもいい方法です。

ＥＴＦは投資信託とは異なり、株式市場に上場しています。国内上場ＥＴＦは、日本国内の株式市場、海外上場ＥＴＦは海外の株式市場に上場しており、国内上場ＥＴＦは円で、米国のＥＴＦはドルで売買されます。

ＥＴＦは証券会社を通じて、個別銘柄と同じように売買します。投資信託は毎日、株式市場が閉まったあとに値段（基準価額）がつきますが、ＥＴＦは個別銘柄と同様に、リアルタイムで価格が変動し、その時々の価格で売買します。

また投資信託やＥＴＦでは、支払われる配当金相当のものを分配金と言います。

Ｓ＆Ｐ５００に連動する投資信託と国内ＥＴＦ、海外ＥＴＦでは、基本的にほとんど同様のリターンが得られます。

とくに投資信託はＥＴＦに比べてもカンタンに買えますので、初心者さんは投資信託を積み立て購入するのが適しています。

投資信託の仕組み

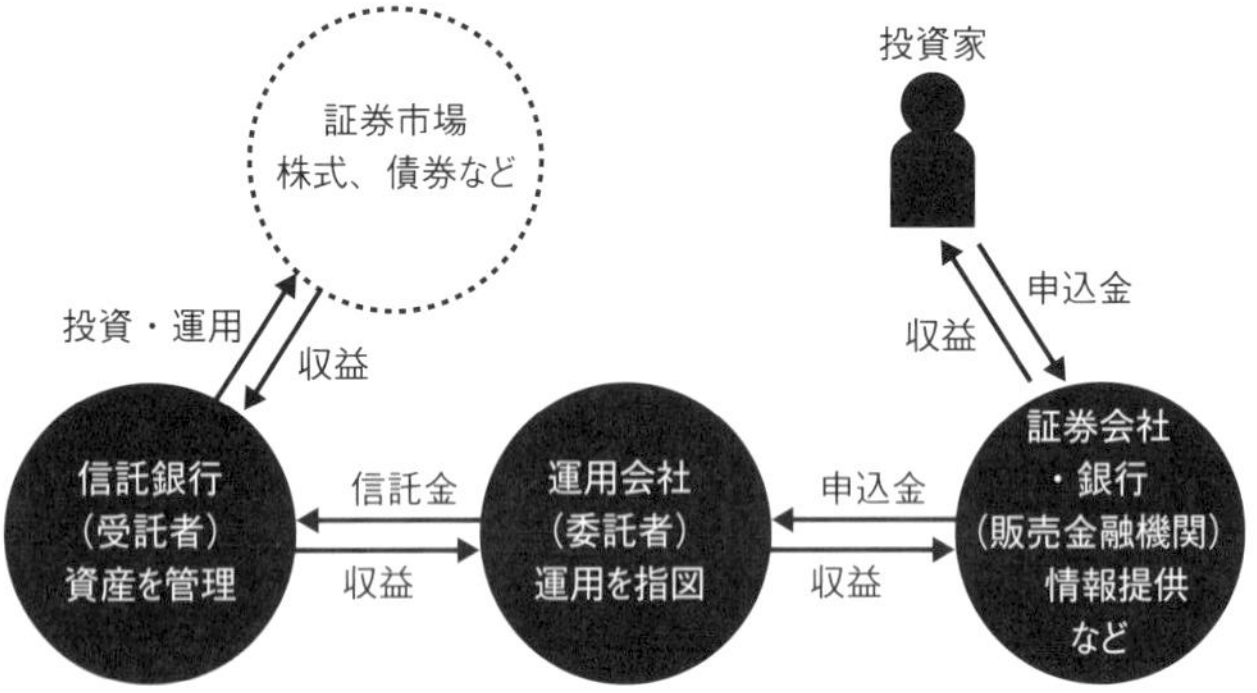

投資信託のおもなコスト

購入時	購入時手数料	販売会社に支払う。購入額の０～３％程度で、投信や販売会社によって異なる。
保有中	信託報酬	運用や資産を管理するための報酬。0.2～2.3%程度で投信によって異なる。
売却時	信託財産留保額	解約代金を用意するための費用。0～0.5%程度で投信によって異なる。

ETFと投資信託の違い

ETF		投資信託
ETFを扱う証券会社（欲しいETFを扱っている証券会社）	売買の注文先	証券会社や銀行（欲しい投信を扱っている金融機関）
市場でついた価格。リアルタイムで変動。指値注文も可能	売買価格	注文した日についた基準価額（1日1回、市場が閉まった後に決定）
金融機関によって異なる	売買手数料	投信や金融機関によって異なる
信託報酬（管理手数料）。銘柄によって異なり、投信より低めが一般的	運用中のコスト	信託報酬。投信によって異なる。ETFより高いのが普通だが、かなり低い投信もある

一番楽ちんなのは、投資信託です

投資信託、国内ＥＴＦ、海外ＥＴＦの中で、最も手軽に投資できるのは、投資信託です。

投資信託は多くの証券会社や銀行で購入でき、一部のネット証券では１００円から売買できます。その手軽さも魅力ですが、**なんといっても最大のメリットは、毎月一定額が自動的に買い付けられる「積み立て購入」ができることです。**

積み立て購入では、まとまった額を一括で投資するのに比べて、高値買いの失敗を避けやすくなります。積み立て購入では、給与振込のある銀行口座などを指定しておけば、そこから毎月、一定の額が振り替えられ、買えるだけの口数が買い付けられていきます。また現役世代が資産形成をするには、毎月の収入から少しずつ投資していくのが現実的であり、そこにもマッチします。

以前は投資信託よりもETFの方が低コストで運用効率が高かったのですが、最近は投資信託のコストが大幅に引き下げられ、ETFと比べても遜色ありません。

リスク低減に効果的な時間分散が手間なく実現でき、コストも抑えられる。楽ちん投資の最強の味方が、投資信託の積み立て購入なのです。

時間分散&長期保有でリスクを抑える

時間分散の効果について、見ていきましょう。

時間分散とは一度にまとまった額を投資するのではなく、投資するタイミングを分けるという買い方です。一括投資の対義になります。

投資は、安い時に買って高くなったところで売ることによって利益が得られます。

でも、今日の株価が安いのかどうかは、後にならないとわかりません。安いと思ってまとまった額を買ったのに、値下がりしてしまう、ということも当然あります。

また「もう少し下がったら買おう」などと思って待っていると、どんどん上がってしまい、なかなか買えない、ということもあります。株式相場は海の波のようにうねるのが通常なのです。

そのため、安く買って高く売るということを狙いすぎるとなかなか買えないことになります。**そこで効果的な買い方なのが、「積み立て購入」**です。

積み立て購入では、毎月自動的に買い付けが行なわれ、価格が上がっていようが、下がっていようが、おかまいなしに購入が実行されます。

そのため、価格次第で買えるだけの量を買うことになり、高値でたくさん買ってしまう失敗や、怖くて買えないなどの事態を避けることができます。あくまで設定どおり、機械的です。

前述のように、一時的に株価が下がる時期はありますが、そんなときでも積み立て購入を続けていれば、**弱気な心に邪魔されず、淡々と安値で買い進めることができます**。安いときに買うのは勇気がいることですが、積み立て購入なら、安いほど多くの株数を買うことができます。

そして保有株数が増えれば、将来株価が上昇した時には得られる利益も大きくなる、というわけです。

米国株は長期で保有すればリターンが期待できますが、一時的であっても値下がりするのは気持ちがいいものではありません。株式相場を見るのが嫌になることもありうるわけですが、**そんな時でも買い付けを機械的に進めてくれるのは大きなメリット**です。

時間分散をして、一気に買うことによるリスクを分散していくことは、特に値下がりリスクに対しての耐性が弱い傾向にある初心者投資家さんにはおすすめの方法です。

つみたてＮＩＳＡで資産形成が手軽に、有利に

実はつい最近までインデックス投資の選択肢としておすすめできるのは米国ＥＴＦのみでした。投資信託という選択肢が加わったのはつい最近のことです。

投資信託が選択肢になったのは、**「つみたてＮＩＳＡ」という金融庁肝いりの非課税積み立て制度をきっかけに、Ｓ＆Ｐ５００に連動する投資信託などが登場**したためです。

つみたてＮＩＳＡとは、投資信託やＥＴＦの積み立て投資について、年間40万円を上限に、最長20年間、運用益非課税で投資できる国の制度です。

運用益には通常約20％の税金がかかります。それが非課税なのは、かなり大きなメリットです。

特長の一つは、対象となる投資信託やETFを、金融庁が選定していることです。長期投資に向いた商品であること、コストが一定基準以下に抑えられていることなどが要件になっており、商品の多くをインデックス投信が占めています。専門家や、ブロガーをはじめとした個人投資家の意見も反映され、優れたインデックス投信が揃っています。

その中に、S&P500などに連動する投資信託など、米国株のインデックスも入っているのです。

つみたてNISAによって運用益が非課税になるだけでなく、制度ができたことにより、低コストで長期運用に向く投資信託が登場した。これは**質の高い資産形成がより手軽にできるようになったという点において、画期的なこと**だと思います。

ETFは機動的な売買ができる

国内上場ＥＴＦのメリットは、機動的に売買できることです。

前述のとおり、国内ＥＴＦは国内の株式市場に上場しており、売買するときに市場で形成されている価格で売買できます。

そのため、朝買ったＥＴＦを、値上がりしたところで売って利益を得るなど、投機的な取引に使うこともできます。

値下がりすることで利益が生じる信用取引も可能です。ドルで買うことに抵抗があり、円で売買したい人には優れた商品となります。

投資を楽しみたくなったら、海外ＥＴＦの個性派を選ぶも良し

海外ＥＴＦは海外の株式市場に上場しているＥＴＦです。

国内のいくつかの証券会社を通じて売買できます。

海外ＥＴＦを買うためには、円をドルに替える必要があります。

円をドルに替えたり、ドルを円に替える際には為替手数料がかかりますが、多くの米国株投資家は、一度両替したドルはドルのまま口座にプールしていますね。売買のたびにドルにしたり、円にしたりすると、為替手数料がかかり、なおかつ手間だからです。余裕資金で投資をしていれば何度も円に戻す必要はなく、ドルのまま保有しておけば、為替手数料はドルを買い付けるときのみで済みます。

投資信託や国内ＥＴＦは、**Ｓ＆Ｐ５００やダウ30種（ダウ工業株30種平均）**など、特定の著名な指数に限られます。一方、**海外ＥＴＦには、業種を絞ったもの、新興国を加えたものなど、ありとあらゆる指数があり、選択肢が広がります。**「幅広くいろいろな商品を買ってみたい」という場合は、海外ＥＴＦを考えるといいでしょう。

米ドルを持っていると、いろいろな種類のＥＴＦや米国株を買えます。そのため、投資の幅も広がり、自由度が高まります。ドルを保有しているということは、優れた商品の多い米国市場に直接投資するチャンネルを持っているということです。投資をより積極的に楽しみたい人には、海外ETFはいい選択肢になります。

まずは円による投資信託で米国株投資をはじめて、関心が高まったら海外ETFや個別銘柄に挑戦する、というのもいいでしょう。

ドルを持つことによって世界の投資家が参加する優れた市場で、優れた銘柄、優れた商品にアクセスできる、ということになります。

面倒なら、積み立て型投資信託で十分です

海外ETFの魅力を述べましたが、投資を趣味として楽しむというより、**「できるだけシンプルに将来に向けてお金を増やしていきたい」というのであれば、投資信託や国内ETFで十分**です。

米国株では株式市場が効率的であり、米国株であればインデックス投資信託でも十分にいい投資ができます。

投資信託なら個別企業の情報はキャッチアップする必要がなく、非常にシンプルに

資産形成ができます。

多くの人は仕事をしながら、子どもを育てながら、投資をするわけですね。私たちは忙しいのです。難しいと思うことや、面倒と思うことは極力省きましょう。すべての人がマニアックな投資をする必要はありません。

まずは何もしなくても資産が増えるような商品を買うことです。淡々と投資信託やＥＴＦを積み立てていくか、いろいろ試すか。判断するのは、それからでいいのです。

外債投資なら投資信託で資産分散を図る

ある程度資産が大きくなると資産分散が必要になってきます。

長期の成果だけをみるなら株式だけが効率的です。しかし、投資額が５０００万円、１億円、２億円となってくると、日々の相場の変動が自身の月収以上の額になるなど、インパクトが大きくなります。そうなると、資産を増やすだけでなく、守るという発想も必要になってきます。資産分散の意味を感じる時期ですね。

前述のとおり、資産分散に適しているのは、ペーパーアセットで言うと債券です。海外債券には為替リスクが伴いますが、それを理解したうえで外債に投資するなら、**先進国債券に投資する投資信託またはＥＴＦ**を使うといいでしょう。

投資信託では、**「ｅＭＡＸＩＳ Ｓｌｉｍ 先進国債券インデックス」**などが候補になります。

ｅＭＡＸＩＳ Ｓｌｉｍは三菱国際ＵＦＪ投信が運用するインデックス投信のシリーズで、国内のインデックス投信として最低水準のコストを実現しています。投信には購入時に購入時手数料、保有中は信託報酬などのコストがかかりますが、この投信は購入時手数料ゼロ、信託報酬は０・１５１２％（税込・２０１９年９月現在）です。

一般的にＥＴＦの方が低コストですが、ここまで低ければ、コストの面では投資信託で十分でしょう。

ちなみにすでにドルで資産運用をしている、あるいはドルを保有するという場合には、BND[※1]やAGG[※2]といった流動性と経費率に優れた商品があります。

※1　BND　債券ETFの代表格。米国投資適格債券市場全体へ投資する。つまり、長中短期すべての債券をバランスよく組み合わせたもの。バークレイズ総合不動調整インデックスとの連動を目指す。

※2　AGG　同じく米国債券市場に投資する海外ETF。正式名称は、iシェアーズ・コア 米国総合債券市場ETF。

円預金を多めに持つのも現実的な選択肢でしょう

為替リスクをとらずに安定性をめざしたい人には、**キャッシュポジションを高めにする**、というやり方もあります。

キャッシュポジションとは、資産に占める現金の割合のことです。投資できるお金が仮に３０００万円あったとしても、全額を米国株に投資するのではなく、一部は円預金のままキープする、ということです。

もし株価が年に10％下がったとすると、３０００万円を全額投資していればマイナス３００万円ですが、２０００万円の投資ならマイナス２００万円、１５００万円の投資ならマイナス１５０万円に抑えられます。

投資できるのが３０００万円なら、その全額を投資しようと思いがちですが、**キャッシュポジションをとることで値動きを安定させる**こともできるのです。

人によって差はありますが、１０００万円を超えたあたりから資産の上下動が気になり始めます。１億円を超えると何らかの資産分散をしている人が多いといえます。投資額が１億円超になると、１日で数百万円の値動きが珍しくなくなるからです。

長期保有のスタンスで投資するなら、本来、一時的な値下がりは気にしなくてもいいですし、つねに値動きを見る必要もありません。そう分かってはいても、投資額が大きくなると一時的にでもあまり大きく値動きするのはさすがに怖くなります。

私も資産がある程度増えてからは、分散を考えるようになりました。

個人差はありますが、投資額が100万円、200万円で外債や円に分散する必要性は低く、ある程度の額になってから、また年齢を重ねて安定性を重視するべき年代になったときに資産分散を考えればいいのではないでしょうか。

ちなみに、**円預金でおいておくのが嫌なら、「個人向け国債」という選択肢もあります。**

いろいろなタイプがありますが、「変動金利型10」というタイプなら、金利情勢に応じて金利が見直されるため、超低金利の時期に買っても将来、金利上昇の波に乗れる可能性があります。10年満期ですが、1年経てば解約でき、利息の一部が引かれるものの、元本割れすることはありません。

年0・05%の最低保証があり、証券会社などで1万円から購入可能です。外債に比べると魅力は低いですが、為替変動のリスクをどうしても負いたくないならば、そういう選択肢もあるということです。

米国株の配当は何もしないと28%税金が。確定申告で取り戻そう

米国株への投資で注意したいのは、配当金に関する現地課税です。

米国株（米国の市場に上場しているETF、個別銘柄）の配当金には、米国で10％の源泉徴収課税がかかります。それを引かれたうえで、さらに日本における配当課税がかかります。**米国と日本、両方で税金が引かれる**、ということです。

具体的にどの程度不利になるのか見てみましょう。

米国株取引の配当金の手取り額は、

【配当金×0・9×0・8＝0・72】

で計算できます。

配当金を100万円もらったとしたら、100万円×0・72で、手取りは72万円、税率はおよそ28%です。日本株の配当に対する税率はおよそ20%ですから、米国株の方が8%ほど不利です。

ただし、この米国での源泉徴収課税分は、確定申告をして「外国税額控除」を受ければ、一部を取り戻すことができます。そういう意味では、米国株投資家にとって外国税額控除を受けるための確定申告は必須と言えます。

ちなみに日本株で得た配当金は、条件が合えば確定申告によって「配当控除」を受けることができます。米国株については日本で課せられた配当金については控除を受けることはできません。この点でも米国株の配当課税は不利といえます。

配当課税が気になる場合は、アマゾンやバークシャーハサウェイ、アドビなど、配当を出さずに事業再投資をしていく方針の銘柄に投資するのも手です。配当金を出さずに再投資していく企業というのは成長性に富むケースが多く、配当より成長に軸足を置いています。配当目的ではなく、成長期待でそうした銘柄に投資するのも一つの選択肢になると思います。

株を保有したまま利益確定できるのが配当金のメリット

課税されるとはいえ、連続増配や高配当株が多いことも米国株の魅力です。

そして配当には、**株式を保有したまま細かく利益を確定できる**、という利点があります。

資金が必要になったときには投資元本を取り崩す、つまり、保有している株などを一部売却するという方法があります。分配金を出さない投資信託で利益確定するのもそうしたやり方になります。

しかし、分配金や配当金には元本を取り崩さずにリターンが受け取れるという側面があるので、株数を減らすことに抵抗がある場合は配当や分配金は有効な手段になります。高配当株や高配当ＥＴＦで運用しながら配当を年金のように受け取る、という投資スタイルです。これはこれで、老後などには非常に有効なやり方です。**いわば自**

分年金のような形になります。

ちなみに、**日本の毎月分配型投信は資産運用には適しません。**毎月分配型では安定した分配を行うことが優先されます。運用の利益ではなく、投資家の原資からタコ足配当もできるルールになっています。再投資の複利が得にくく、分配金には税金がかかるわけですから。

対してETFは運用によって得た利益からの分配に限られ、元本から分配してはいけないという厳密なルールがあります。元本を毀損しないので、安心して受け取ることができます。

ただし、分配金が出るたびに課税されるため、高配当投資は投資効率はやや落ちます。自分が何を求めるか、目的に応じて投資することが大切です。

米国株投資信託の基礎知識

投資信託に投資すると配当金への課税はどうなるでしょうか。

たとえば米国株に投資する投資信託を1万円買ったとします。その投信に３００円相当の配当（実際にはドルベース。以下、同）が入った場合、源泉徴収課税で10％（30円）が米国で引かれます。この場合の現地課税分は、確定申告（外国税額控除）で取り戻すことはできません。

国内受け取りの時点で、３００円から30円の現地課税を引いた２７０円が残ります。この２７０円分が分配されれば、今度は日本でさらに約20％の税金がかかります。

しかし**投信が分配金を出さず、無分配とした場合には、２７０円に対する課税はありません。**課税されずに元本に組み込まれて運用される、というわけです。

また投資信託の中には、分配金を再投資するコースが選べるタイプもありますが、その場合、分配金はいったん計上され、そこから税金を引いた残りが再投資されます。

投資においては投資効率やコストに配慮することも重要です。とはいえ、あまり細部にこだわりすぎない方がいい、というのが私の考え方です。**細かいことを考えるあまり、なかなか投資をはじめられなかったり、大事なことを考えるのがおろそかになったりしかねないからです。**

投資額が数千万円、あるいは1億円単位になるまでは、**あまり細かいことを突き詰めなくてもいい**でしょう。

定期的に配当を受け取りたいならそれも良し、長期で資産拡大をめざすのも良し。自分の考えにあったやり方が一番いいと思います。

少々ややこしいのでまとめておきましょう。

1．投資信託だと現地課税がかかり、これを外国税額控除で取り返すことはできな

い。これはデメリット。

2．分配金払い出しがない投信なら再投資という形になり、国内での配当課税がない。これはメリット。1と考え合わせると、外国税額控除ができる海外ETFとリターン面で遜色なくなる。

3．確定申告をして外国税額控除を受けるのが面倒な人は投資信託がいい。

こういう文脈になります。

まずは
「つみたてNISA」の
口座を持とう！

第4章

注目の投資信託、ETF

どの指数に連動する運用がいいのか

米国株にはさまざまな指数があります。

米国株市場の動きを反映する指数には、「ナスダック総合指数」や「ダウ30種」や、「Ｓ＆Ｐ５００」などがあります。基本的には、そうした指数に連動する投資信託やＥＴＦを運用のベースにするのが王道です。

人口動態とＧＤＰ成長率は、そのマーケットが今後も成長していけるかどうかを知る目安になります。経済は成長していても株価が連動していない国は少なくないので、過去の株価の推移をあわせてチェックすると良いでしょう。

これまで述べてきたように、米国株はそういった条件をクリアしていますから、投資対象として優れた選択といえます。

米国株全体に投資するだけでなく、もう少し個性的な指数にも投資してみたいという人なら、特定の業種（セクター）に投資するセクターＥＴＦやアセット別のＥＴＦもあります。

具体的な指数、また投資信託やＥＴＦについて見ていきましょう。

米国株市場のほぼすべての4000銘柄に投資。バンガード・トータル・ストック・マーケット

私がブログ「たぱぞうの米国株投資」を始めるきっかけとなったＥＴＦの一つでもあり、おすすめＥＴＦの１位に推しているのが、**「ＶＴＩ」というＥＴＦ**です。**「米国株投資をするなら、何を最初に買えばいいか」と聞かれるたび、私は「ＶＴＩ」と答えてきましたし、今もその考えは変わりません。**

このＥＴＦは、米国株式市場の大型株から小型株まで、米国市場に上場する株式の９９・５％にあたる約４０００銘柄で構成されています。

成熟した大企業の銘柄だけでなく、成長の期待される小型株も含まれ、いわば、**米国市場全体を丸ごと反映する指数**です。

ＶＴＩの取引値は２００３年から２０１９年でおよそ4倍にもなっています。**分配金込みでは、もっと大きく5倍～6倍という数字になります。**これは米国の株式市場の成長に即したものであり、かの有名なリセッションであるリーマンショックも経験したうえでこの数字です。

銘柄選びの手間をかけることもなく、これだけのリターンがある、これが米国株投資の魅力です。

ただし世界的に経済成長率が下がってきており、今後の20年、30年を考えると、年率10％といったパフォーマンスを期待するのは酷でしょう。私は4・5％程度と見ていますし、このＥＴＦを運用するバンガードでも4～5％を予想しています。

とはいえ、**4～5％であれば「十分なパフォーマンス」**と感じる人が多いのではないでしょうか。

ＶＴＩには米国を代表する有名企業が名を連ねています。上位に入っているのは

パフォーマンス実績
2019年6月30日までのトータルリターン

VTI（設定2001年5月24日）	四半期	年初来	1年間	3年間	5年間	10年間	設定来
基準価格（NAV）リターン	4.09%	18.70%	9.02%	14.04%	10.18%	14.71%	7.25%
市場価格リターン	4.08	18.69	8.96	14.03	10.17	14.71	7.25
合成トータル・ストック・マーケット・インデックス	4.08	18.71	9.00	14.04	10.18	14.72	7.27

バンガード

アップル、グーグル、バークシャーハサウェイ（ウォーレン・バフェット氏が経営する投資会社）、アマゾンなどです。

ＶＴＩは海外ＥＴＦで、該当する国内ＥＴＦはありません。しかし、ＶＴＩと同様の値動きをする投資信託があります。「**楽天・全米株式インデックス・ファンド**」です。コストにも大差ありませんし、「つみたてＮＩＳＡ」で積み立て購入することもできます。

前述のように、積み立て購入で時間分散を図りながら投資することは、リスクを抑えるうえでも重要なポイントです。まずはこの投資信託が、米国株投資をはじめる際の最有力候補となります。

《インデックス投資信託》

楽天・全米株式インデックス・ファンド（楽天投信）

購入時手数料／ゼロ

信託報酬／実質0・1596％程度（税込・2019年9月時点）
信託期間／2017年9月～無期限
決算／年1回。分配金受取コースと分配金再投資コースあり

海外ETFに関心がある、という人には次の「VTI」が候補です。

《海外ETF》
バンガード・トータル・ストック・マーケットETF（バンガード）
ティッカー／VTI／経費率0・03％
決算／年4回

米国を代表する大型株500銘柄に投資 S&P500に連動する商品群

「S&P500」は、米国を代表する大型株500社の指数です。

スタンダード&プアーズ社が算出する、米国の著名な株式指数です。日本の株式指

VTI チャート

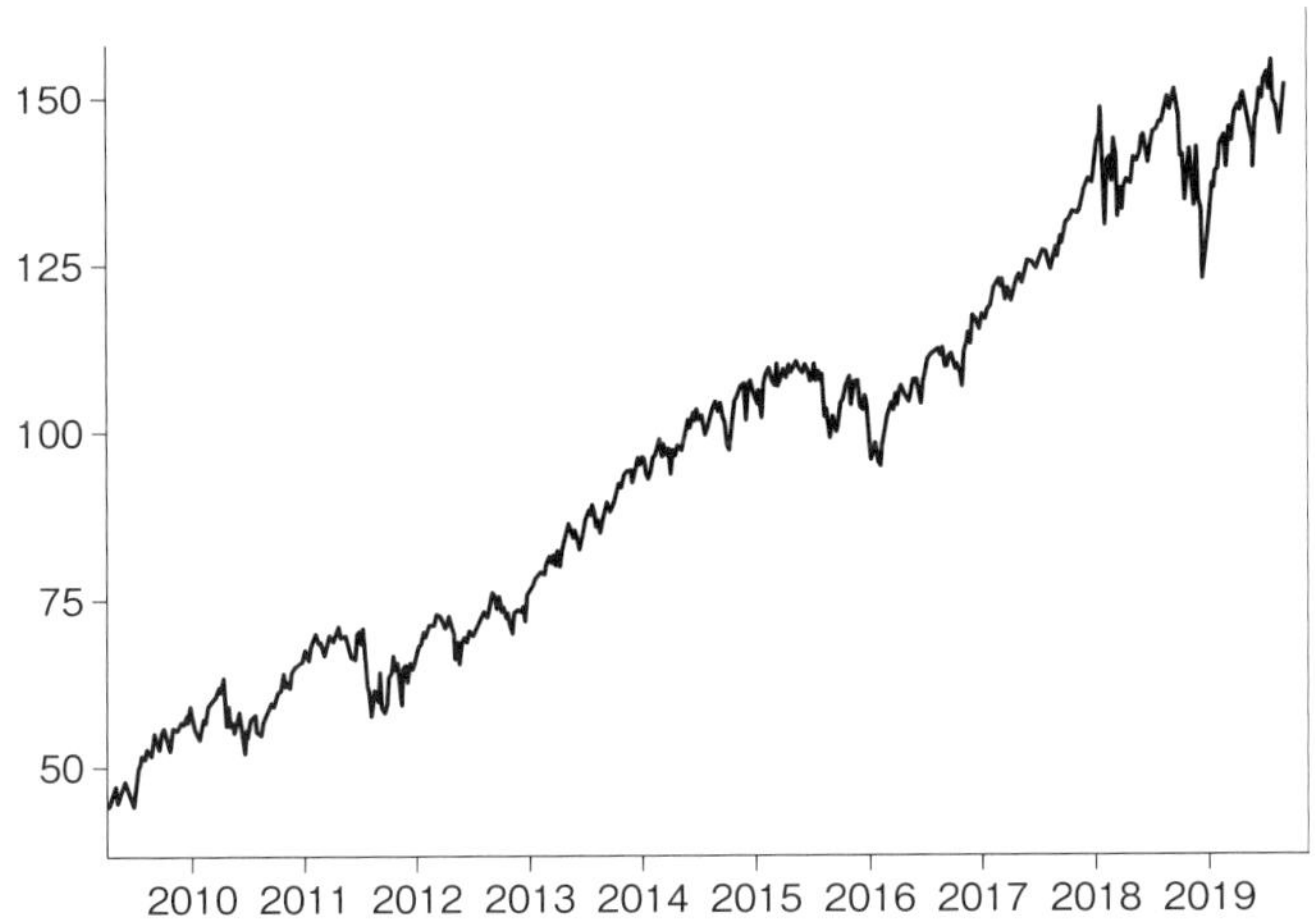

YAHOO! FINANCE

国別株価と配当のグラフ

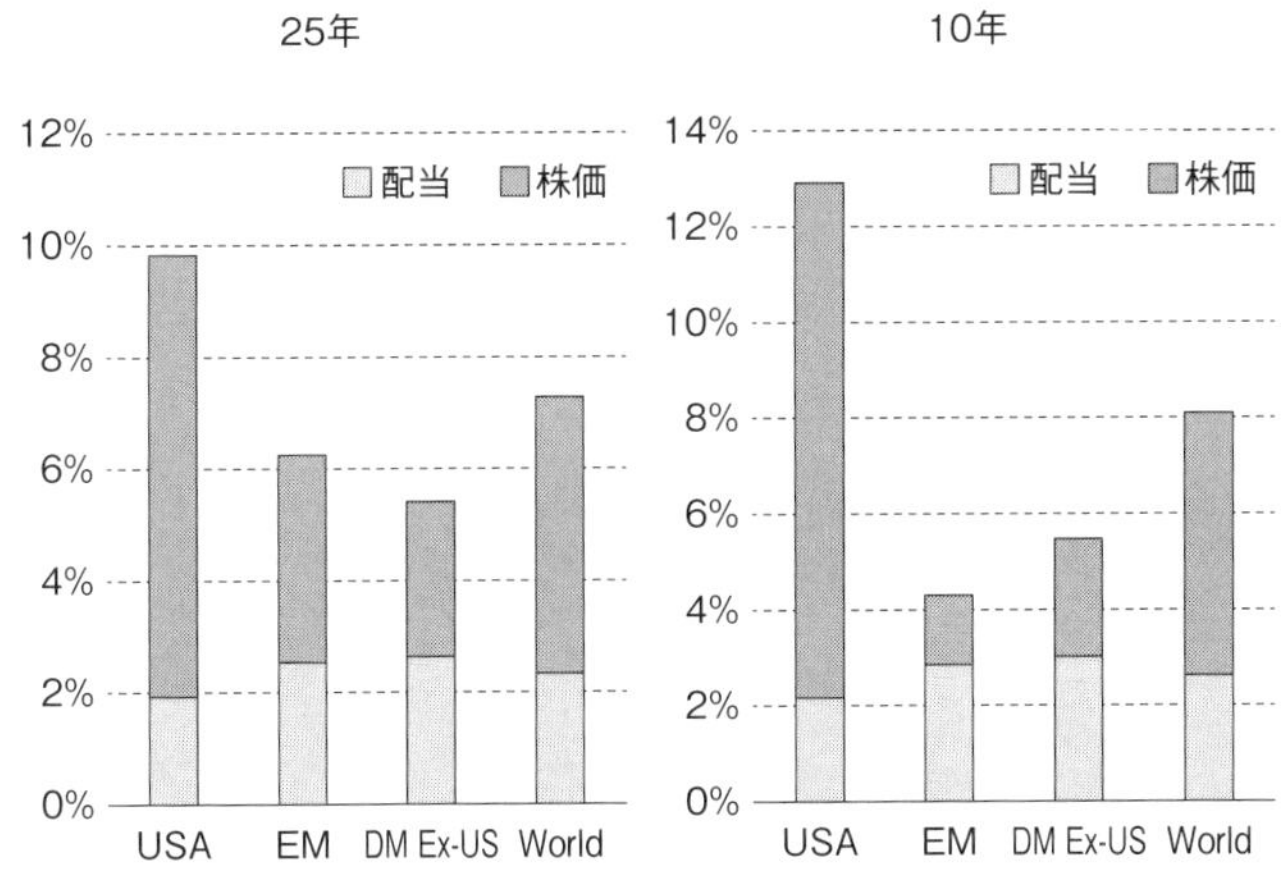

Topdown Charts,Refinitiv Datastream
※USA＝米国、EM＝新興国、DM Ex-US＝米国を除く先進国、World＝世界

数では日経平均やＴＯＰＩＸが有名ですが、採用銘柄の成長率が日本のそれとは全く異なり、リターンにもその差が表れています。

Ｓ＆Ｐ５００に連動するＥＴＦと、先にご紹介した「ＶＴＩ」は比較的近い値動きをします。

差はほんのわずかですから、**小型株にも投資したいのであればバンガード・トータル・ストック・マーケット、大型株だけがよければＳ＆Ｐ５００に連動する投資信託やＥＴＦを選ぶといいでしょう。**

Ｓ＆Ｐ５００は、投資信託、国内ＥＴＦまたは海外で投資できます。

《投資信託》

eMAXIS Slim 米国株式（S&P500）（三菱UFJ国際投信）

購入時手数料／ゼロ

信託報酬／０・１６２％（税込・２０１９年９月時点）

信託期間／２０１８年７月～無期限

つみたてＮＩＳＡの対象で、積み立て購入がしやすいのが魅力です。

SBIバンガード・S&P500（SBIアセットマネジメント）

購入時手数料／ゼロ

信託報酬／0・0926％程度（税込・2019年9月時点）

信託期間／2019年9月〜無期限

S&P指数を投資対象にする投資信託は多々ありますが、2019年9月の執筆時において、最も信託報酬が低い、魅力的な商品です。

低コストの国内ETFと国外ETFも挙げておきます。

いずれも配当金が支払われます。配当金を受け取りたい人もいますが、資産形成をする過程では、配当金が自動的に再投資されるタイプの方が効率的です。

《国内ETF》

SPDR S&P500 ETF（ステート・ストリート）

銘柄コード／1557／経費率0・09%

米国のスパイダー社が出している商品です。世界最大のETFである「SPY」（米国上場）の国内ETFバージョンです。経費率が0・09%であり、SPYと遜色ありません。国内ETFならこれが第一候補です。

《国内ETF》

iシェアーズ S&P500 米国株 ETF（ブラックロック）

銘柄コード／1655／経費率0・15%

ブラックロックの商品です。経費率はやや高いですが、「SPDR S&P500 ETF」よりも少額の数千円から投資できるのが魅力です。

日本の運用リターンが少ない

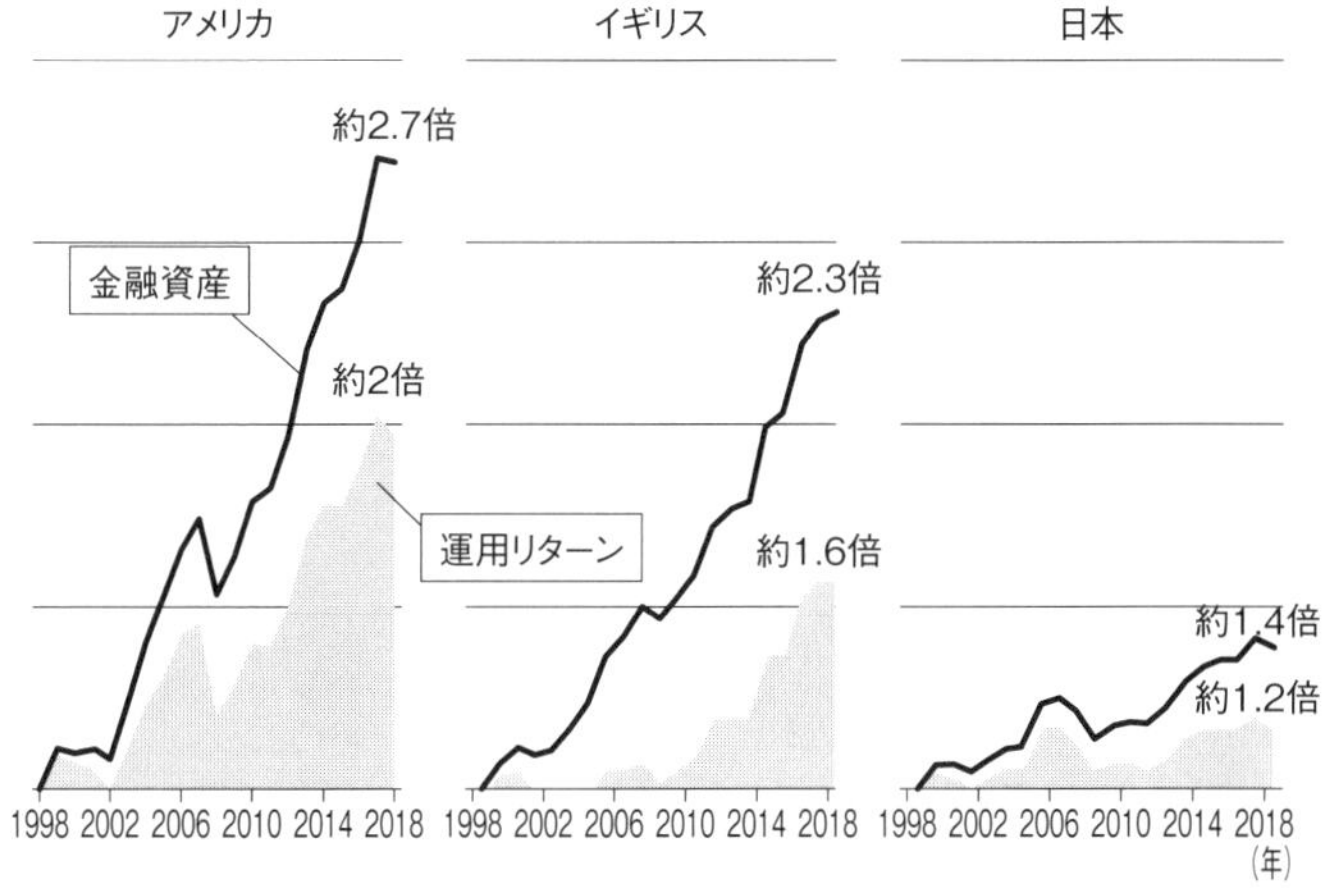

日本銀行、金融庁、FRB、BOEより

《海外ＥＴＦ》

iシェアーズ・コア S&P500 ETF（ブラックロック）

ティッカー／ＩＶＶ／経費率０・04％

低コストが魅力です。世界最大の運用会社であるブラックロックの看板商品です。

バンガード・S&P500 ETF（バンガード）

ティッカー／ＶＯＯ／経費率０・03％

低コストが魅力です。バンガードの理念を反映させた、ＶＴＩに並ぶ低コストＥＴＦです。

高配当なＥＴＦもおすすめです

米国には、高成長が期待できる銘柄のほか、成熟して配当利回りが高い高配当銘柄も少なくありません。

もちろん、これらの個別銘柄に投資することも可能ですが、高配当銘柄に投資するETFもあります。いずれも、分配金を出すだけではなく、値上がり益もしっかり享受できるような成長性を持っています。

配当を増額することを増配と言いますが、米国には連続増配を継続している企業も多数あります。20年以上の連続増配は150社以上、40年以上の連続増配も50社以上を数えます。50年以上の連続増配をしている企業には、P&G、スリーエム、コカ・コーラなど、日本でもおなじみの企業があります。

私は、投資初心者さんが高配当投資をするならばETFを使うことを推奨しています。個別株は、比較的高配当で知られた酒類メーカーのアンハイザーブッシュインベブの減配や、大幅に売り上げが減少した食品持株会社のクラフトハインツの決算などにみられるように、それ相応のリスクがあるからです。

《海外ETF》

バンガード・米国高配当株式ETF（バンガード）

ティッカー／VYM／経費率0・06％

高い配当利回りの銘柄で構成される「FTSE ハイディビデンド・イールド・インデックス」への連動をめざすETFです。相場にもよりますが、配当は3％前後が平均的な水準です。

《海外ETF》

iシェアーズ・コア米国高配当株ETF（ブラックロック）

ティッカー／HDV／経費率0・08％

高い配当利回りの75銘柄で構成される「モーニングスター配当フォーカス指数」への連動をめざすETFです。配当は3・5％前後が平均的な水準です。

SPDR ポートフォリオ S&P500 高配当株式ETF（ステート・ストリート）

ティッカー／SPYD／経費率0・07％

S&P500銘柄のうち、配当が高い上位80銘柄を均等配分しており、分散性も問題ないと言えるでしょう。経費率も競合ETFより低いのが魅力です。

連続増配している企業の例

コード	銘柄名	事業内容	増配年
PG	P&G	ヘルスケア関連日用品	63年
EMR	エマソン	電子製品を製造販売	61年
MMM	スリーエム	化学中心の大手複合企業	60年
KO	コカ・コーラ	ソフトドリンク製造販売	57年
JNJ	J&J	医療・健康関連製品メーカー	57年
LOW	ロウズ	住宅関連用品小売り会社	55年
CL	コルゲート	歯磨き粉など家庭用品メーカー	56年

VYMとHDVとSPYDは同じような動きを示している

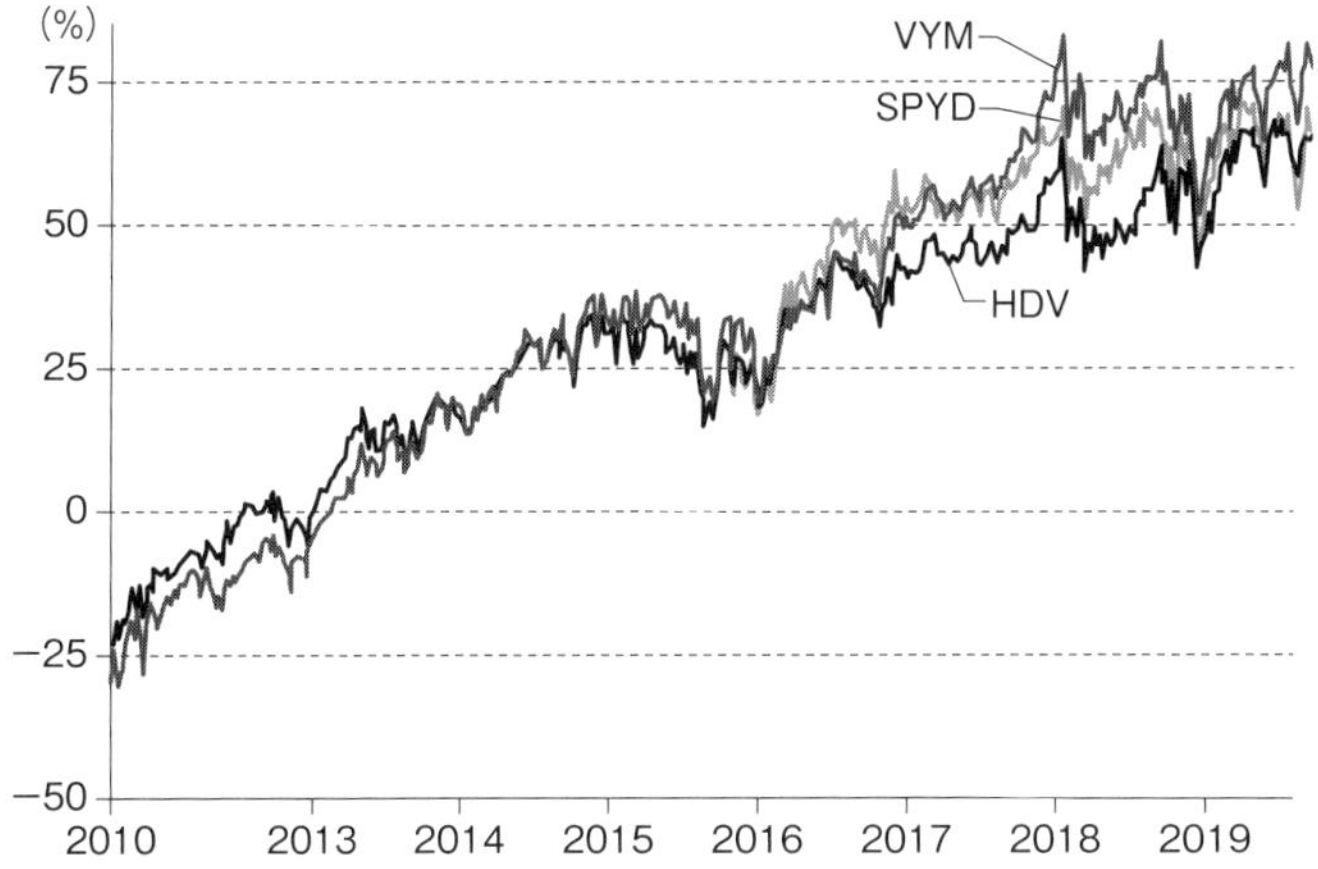

YAHOO! FINANCE

成長分野に絞ったセクターETFをポートフォリオに加えても面白い

米国の現在の繁栄を支えているのは、ハイテクやヘルスケア、半導体、金融といった分野です。そういった成長分野に特化したセクターETFを投資に加えるのもいいでしょう。

ヘルスケア

現在、世界中が高齢化に直面しつつあります。

新興国は若い国というイメージがありますが、タイやベトナムでもすでに高齢化社会に差し掛かっていますし、中国も2030年には高齢化社会を迎えます。若者の人口が増え続ける国はアジアでもフィリピン、インドネシア、マレーシアくらいしかありません。

世界的な高齢化は、医薬品需要の増大、医療費の増大を意味します。各国では社会保障費の増大に頭を悩ましていますが、流れは変わらないでしょう。

ヘルスケア関連企業を集めたヘルスケアETFがあり、高齢化の中での恩恵を被る確率が高いというシナリオを描くことができます。

数年前、C型肝炎の特効薬を作り、話題になったギリアドサイエンシズという企業があります。しかし、C型肝炎がほぼ撲滅状態になると業績は下がりました。病気の種類にもよりますが、いい薬を作り、治療が行き届くと薬の需要が落ちるという難しさもあります。また、特許切れのリスクもあります。

バイオの医薬品メーカー・アムジェンや家畜やペットの製薬に特化したゾエティスなど、面白い銘柄はあります。しかし先に挙げたリスクを避けるなら個別銘柄を選ぶより、基本的にはセクターETFを使うのが得策だと思います。

《海外ETF》

バンガード・米国ヘルスケア・セクターETF（バンガード）

ティッカー／VHT／経費率0・1％

米国のヘルスケア・セクターの大型株、中型株、小型株で構成される「MSCI USインベスタブル・マーケット・ヘルスケア25／50インデックス」への連動をめざすETFです。ヘルスケア機器およびヘルスケア用品を製造する企業、ヘルスケア関連サービスを提供する企業、医薬品およびバイオテクノロジー製品の研究・開発・製造・マーケティングを主たる業務とする企業が含まれます。

ハイテク

米国の繁栄を支えている基幹産業の一つが、ハイテクです。
インターネットの根幹を握っているのは米国であり、ハイテクに比重を置いたETFも有力な選択肢といえます。

《海外ETF》

バンガード・米国情報技術セクターETF（バンガード）

ティッカー／VGT／経費率0・1%

米国の情報技術セクターの大型株、中型株、小型株で構成される「MSCI US

VGT チャート

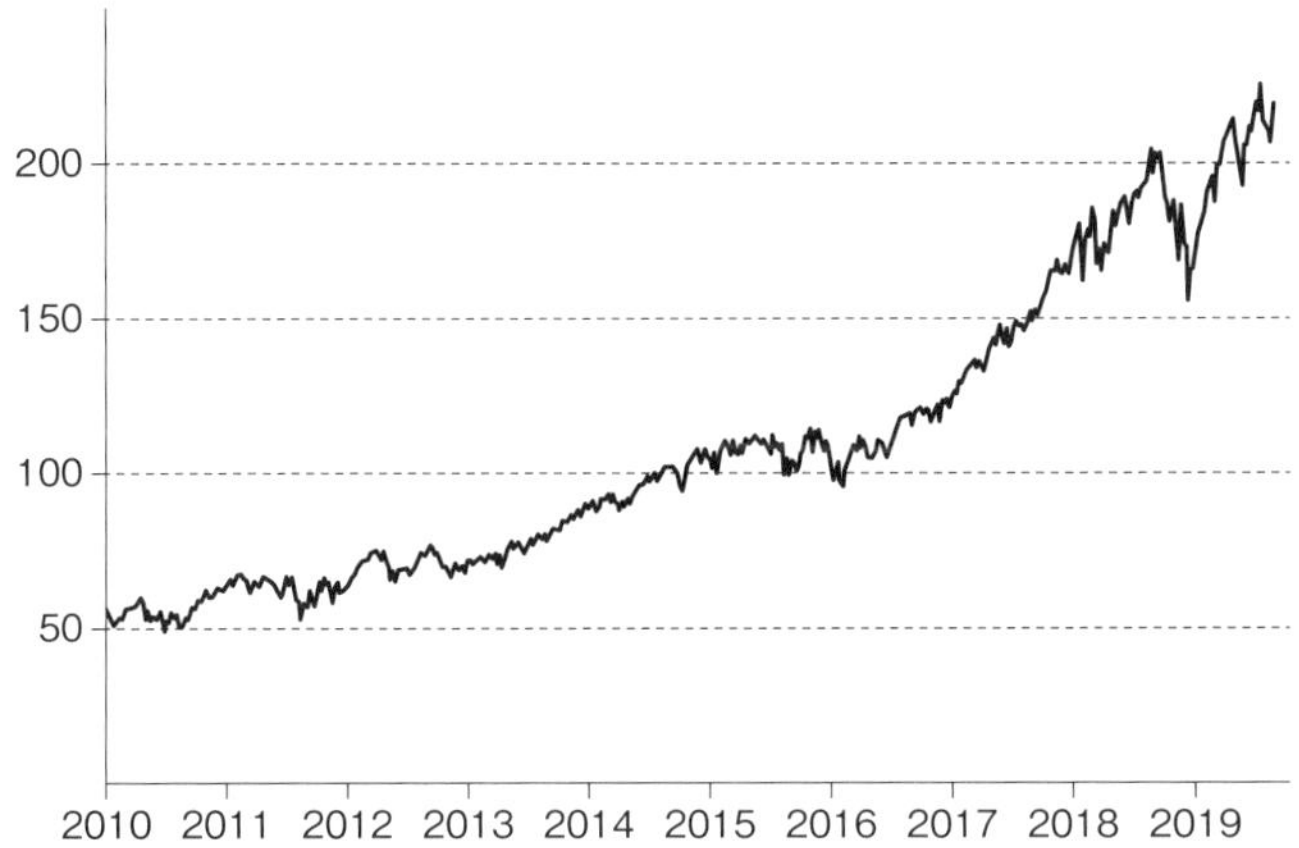

YAHOO! FINANCE

インベスタブル・マーケット・情報技術25／50インデックス」への連動をめざすETFです。テクノロジー・ソフトウェア、サービス、テクノロジー・ハードウェア、半導体および半導体製造機器の4つの分野の企業が含まれます。

《海外ETF》

インベスコQQQ トラスト・シリーズ1（インベスコ）

ティッカー／QQQ／経費率0・2％

ハイテクやバイオなど、人気の高いセクターの企業100社で構成される「ナスダック100指数」に連動。ハイテク以外の銘柄も含まれますが、非常にいい銘柄が

QQQ チャート

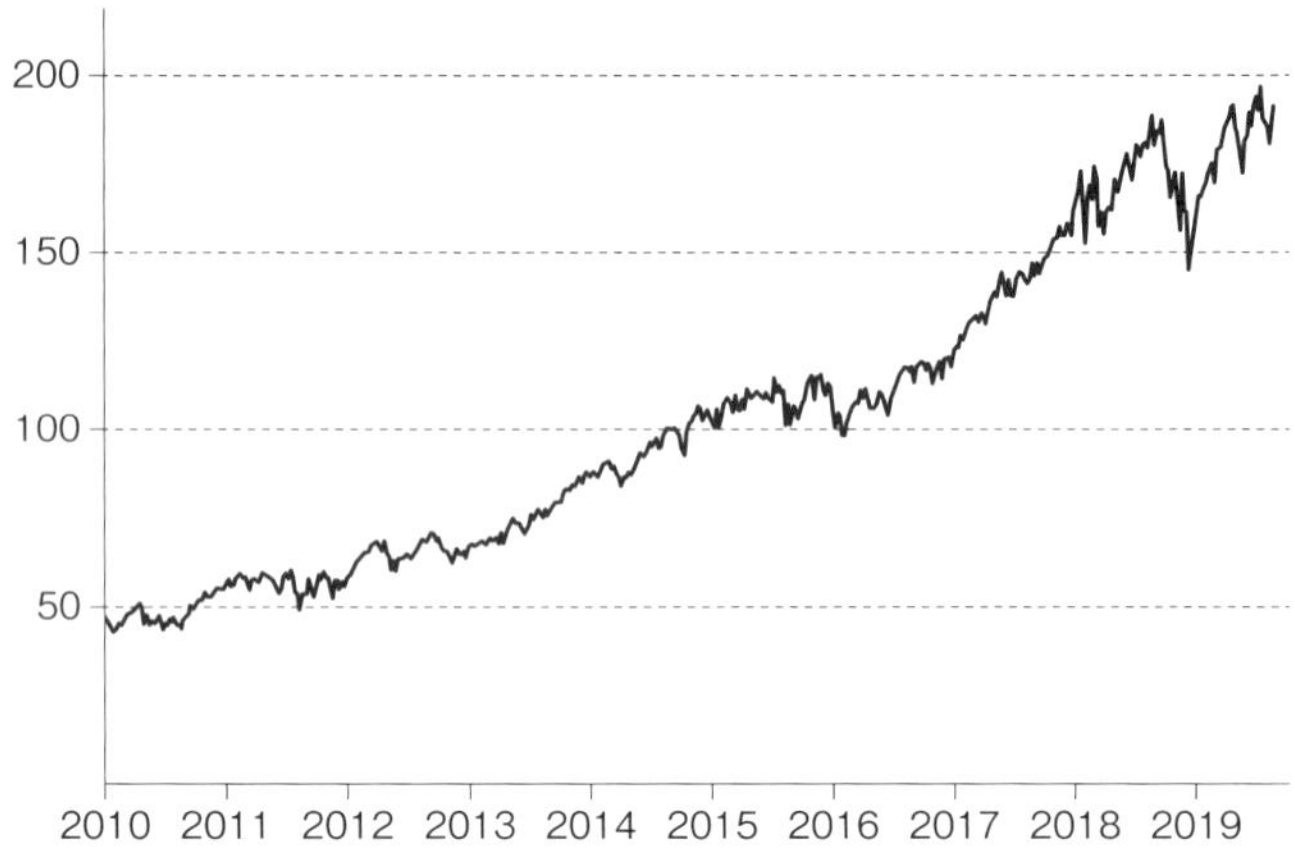

YAHOO! FINANCE

入っており、2019年を除いてVGTより好パフォーマンスの傾向です。人気業種に幅広く投資するという意味では面白く、人気も高いETFです。

半導体

半導体ETFもこれまで大きく上昇してきました。半導体は次世代のイノベーションの中心で、5Gでも半導体チップが必要ですし、グラフィックボードでも使用されます。半導体も米国が強いので、トレンドを見るという意味ではチェックしておくと面白いです。ただし、非常に値動きが激しいです。うねり取りには適しているでしょう。上級者向けのETFです。

SMH チャート

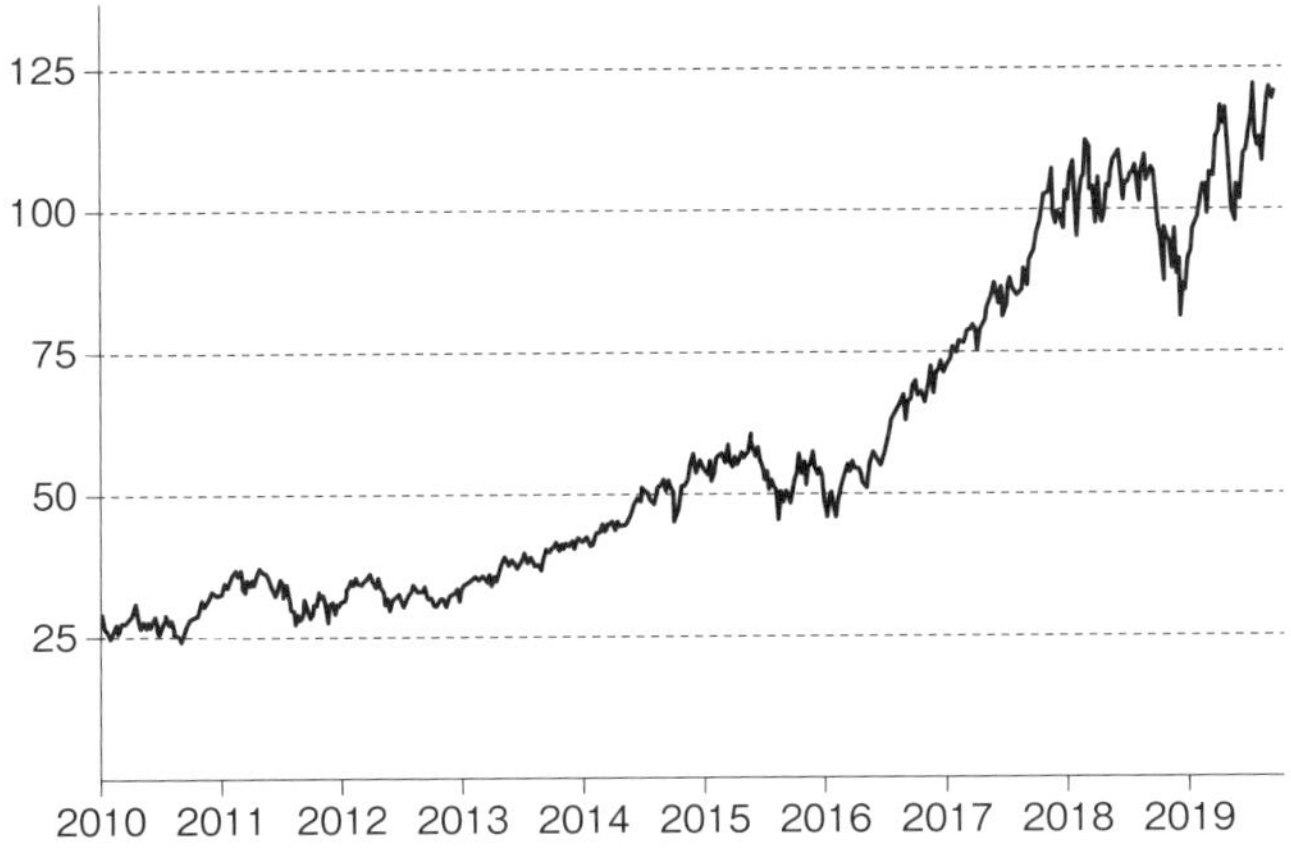

YAHOO! FINANCE

SOXX チャート

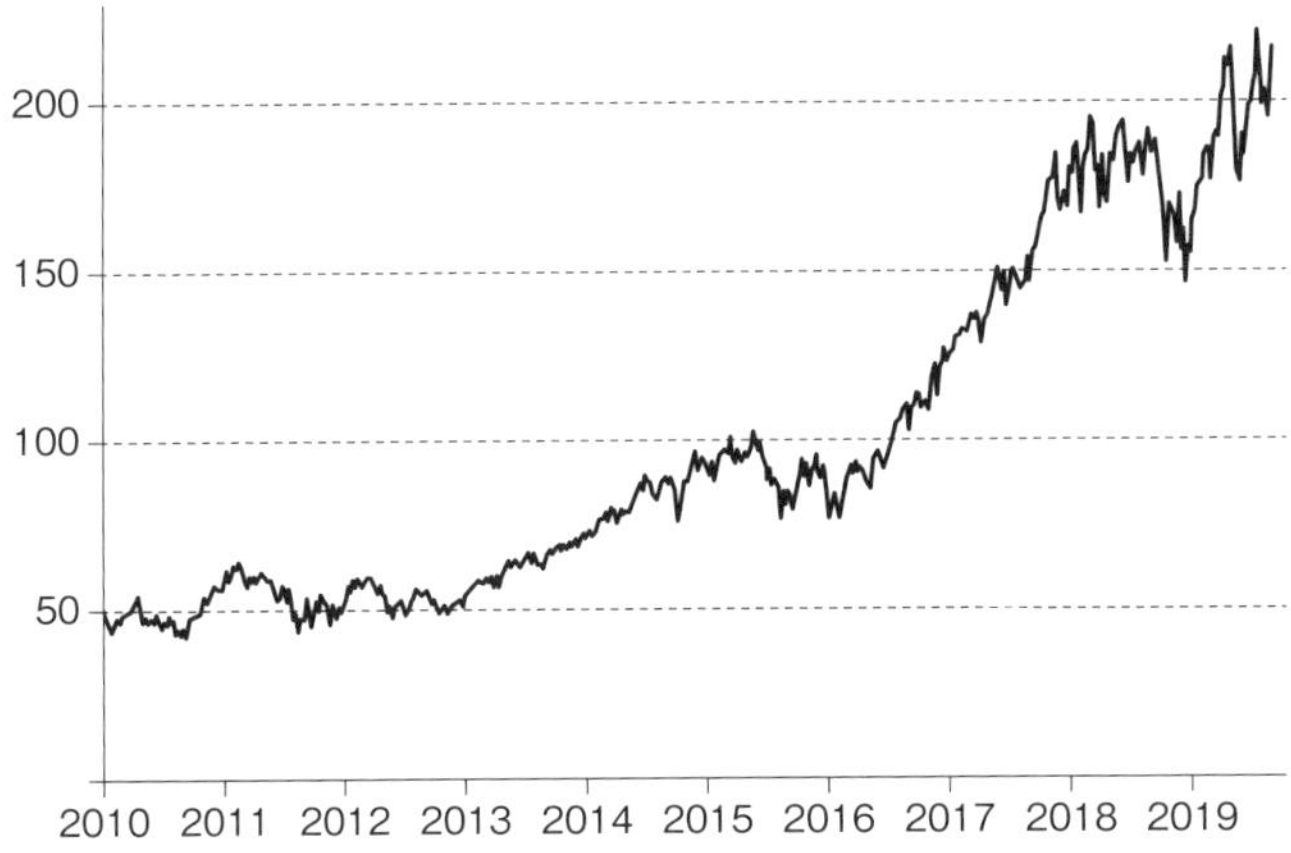

YAHOO! FINANCE

《海外ETF》

ヴァンエック ベクトル半導体株ETF（ヴァン・エック・グローバル）

ティッカー／SMH／経費率0・35％

「マーケット・ベクトル米国上場半導体25インデックス」に連動するETFです。

米国で上場している半導体企業大手25社の指数であり、値動きの激しさが魅力。長期保有には課題もありますが、トレンドを良く表しているのでチェックしておくと市況理解の一助になります。

《海外ETF》

ISH PHLX SCD ETF（iシェアーズ）

ティッカー／SOXX／経費率0・46％

比較的大型の半導体株を集めたETFで、2010年代には高いパフォーマンスを示しました。

第5章

たぱぞうの注目銘柄厳選15

楽しめる人には個別銘柄もいい

シンプルにお金を増やすのであれば、楽ちんなインデックス投資で十分ですが、資産を最大化したいという場合、またある程度、時間や手間をかけて投資を楽しみたいという場合は、個別銘柄にも魅力があります。

インデックス投資よりリスクもリターンも大きくなりますし、投資信託やＥＴＦで必要になる信託報酬や経費がかからず、コストが抑えられるといった違いもあります。

個別銘柄の情報をどう得るか

個別銘柄の業績などは企業のＩＲ（投資家向け情報）などで確認できます。

私はいろいろニュースを見たり、好きな企業については財務データ、ＩＲも見ています。また、アナリストレポートや投資顧問のレポートにも目を通します。

IRは英語で表示されるので、「米国株投資には英語が必須」と思われるかもしれませんが、決してそんなことはありません。 財務に関わる言葉はある程度決まっていますから、さほど英語力がなくてもチェックできます。

IRは、企業のホームページにあります。読みやすいようにできているので、慣れてくればポイントを押さえて効率よく読めるでしょう。50ページ、60ページに及ぶレポートのすべてを読む必要はなく、個人投資家向けにプレゼン資料のような形でまとめられたものを読めばそれでも十分です。

それならある程度の英語力がある人なら読むことができますし、難しければ分かるところから読み込んでもいいと思います。

そもそも、外国株に投資している人、さらに言えば日本株に投資している人でも、IRを読んでいる人ばかりではないですね。

米国株に力を入れている証券会社では、個別銘柄についての日本語の情報を読むことができます。各社で有益なコラムなどが掲載されていますので、通勤途中などにチェックするのを習慣にしてもいいでしょう。

日本株が好きな人の中には「会社四季報」をバイブルにしている人もいますが、その米国株版として、**「米国株四季報」（東洋経済新報社）**もあります。米国株四季報は紙媒体だけあって一覧性があり、読みやすくまとまっています。

著名な新興企業から大企業まで扱ってるので、自分なりの目線でスクリーニングして銘柄を絞っていくには有効だと思います。一定の銘柄を抽出していてトレンドを押さえていますし、ニューヨークダウを構成する30社など、有名企業や注目銘柄も掲載されています。

個別銘柄を選ぶポイント10カ条

個別銘柄を選ぶためには、どのような点を基準にすればいいのでしょうか。ある程度業績の落ち着いた銘柄の選び方を例に、ポイントを挙げてみます。

- 売り上げは減っていないか
- 売上利益率（業態によるが40％以上）は低すぎないか
- 営業利益率（業態によるが20％以上）は低すぎないか
- 配当性向（50％以下）は高すぎないか
- 自社株買い（基準は10年で1割）をしているか
- EPSは下がっていないか
- 営業CF、フリーCFが下がっていないか。
- 配当目当てならば、緩やかながらも増配しているか
- 持続可能なビジネスモデルか
- ROEは低すぎないか

＊売上利益率……売上高から売上原価を差し引いた「総利益」が、売上高の中でどれくらいの割合を占めるか

＊営業利益率……一定期間における売上高と営業利益（売上総利益から販売費および一般管理費を引いた額）との割合。収益力に対して販売や管理費や一般管理費がどの程度影響したかを示す。
＊配当性向……当期純利益（ＥＰＳ）に占める配当金支払額の割合。
＊自社株買い……自社の株式を取得すること。
＊ＥＰＳ……1株あたりの純利益。年間税引き利益を発行済み株式数で割る。
＊営業ＣＦ……本業による収入と支出の差額。
＊フリーＣＦ……営業ＣＦから必要な投資などを引き、手元に残るキャッシュのこと。

ここに挙げた基準は日本株と比べるとかなり高めですが、米国株の目線だとさほど珍しいものではありません。

直近10年の米国株は絶好調でした。そうした恵まれた強い環境にもかかわらず各種の数字が悪化している銘柄は、不景気になればさらに弱くなるでしょう。つまり、積極的には投資できないということになります。

また、高配当株の代名詞とも言える石油株や公益株、生活必需品などは、この基準をクリアしていないことも多いです。配当目当ての場合は「売上を維持しており、配当が減る可能性が高くないこと」が条件になります。

「持続可能なビジネスモデル」は判断が難しいところですが、シンプルに同業他社が多すぎないか、という視点でチェックするといいでしょう。たとえば自動車メーカーなどは世界中に数多く存在しており、利益率は上がりにくい分野です。小売業や飲食業、商社などは、配当につられがちですが、競争が激しすぎる分野は避けるのが無難です。唯一無二な企業が強いのです。これは日本株も同じです。

とはいえ、参入障壁が高い事業を行っている企業は、成長性や持続性が高いと誰もが判断できることから、株価が割高になる傾向にあります。市場がネガティブになると必要以上に売り込まれ、企業業績とは別のところで株価が下がることもあります。つみたて投資と同時に、**買いたい銘柄をピックアップしておき、調整時に買う**、ということも意識しておくといいでしょう。

成長銘柄のチェックポイント

成長企業は収益化に時間がかかるケースも多いため、収益面を見ると評価できないことも少なくありません。成長銘柄を選ぶ際は、先述したポイントに加え、売り上げ成長率にも着目したいところです。売り上げは非常にシンプルですから、同業他社や他の成長企業と比べながら売り上げの多い企業をピックアップし、絞っていくと良いでしょう。

成長企業は成熟企業に比べると値動きも激しく、決算ごとに大きく値が動くのも特徴です。

投資からの退場を避けるため10〜15銘柄に分散投資する

個別銘柄は特定の銘柄に資金を集中させることになり、資産の増減が大きくなる傾向にあります。そのため、ある程度資産が大きくなり、給与以上の値動きを示すようになったら**10～15銘柄程度に分散することが重要**となります。

個別株投資で負けがない、ということはまずありえません。私は比較的長い間、限られた銘柄に集中投資していましたが、若く、投資額が限られたからできたことです。個別銘柄で全勝はまず無理であり、株式市場から退場しないためにも分散を心がけたいところです。

投資信託やＥＴＦなら、数十、数百などの銘柄に分散投資されています。

たぱぞうの注目銘柄15

私は投信やＥＴＦのほかに、個別銘柄にも投資してきました。

私が注目している銘柄をご紹介します。

ロッキード・マーチン（LMT）

戦闘機F35の製造など、国防では圧倒的なシェアを誇ります。国防を担う企業であり、技術の集積もあるので、唯一無二の存在感を持ちます。米中貿易摩擦や中東問題など地政学リスクが過熱すれば、さらに重要度が高まります。民間航空機で有名なボーイングも魅力ですが、国防は民需ほど景気動向の影響を受けにくい、という点でも押さえておいて良いでしょう。

ゾエティス（ZTS）

ファイザーの動物分野がスピンオフしてできた会社で、家畜やペットの薬品で圧倒的な存在感があります。

従来の治療体系を覆す薬効を持ち、他を圧倒するシェアを獲得するような利益を生み出す新薬をブロックバスターと言います。ヘルスケアではそれを実現させられるかどうかで業績が決まってきます。それができないと莫大な研究コストが無駄になったり、シェアを失うというリスクがあり、競争が激しいセクターです。

しかし、動物系のヘルスケアでは、人間向けのヘルスケアほどライバル企業が多くないという強みがあります。家畜もペットも高齢化しており、マーケットは拡大していきます。

シーエムイー・グループ（CME）

シカゴの取引所で、金利、株価指数、外国為替、エネルギー、農産物、金属ベースの先物とオプションを含む商品を提供する企業です。取引所はどの国でも競争の激しい分野ですが、単なる取引所と一線を画します。「シービーオーイー・マーケッツ（CBOE）」と併せて、面白い銘柄の一つです。

ブロードリッジ・ファイナンシャル・ソリューションズ（BR）

金融系のITソリューション企業です。

会計専門企業からスピンアウトされ、証券取引の決算システムや税サービスなどを担っています。替えが利きにくい業界であり、業績も安定的な注目企業です。値動きはやや激しく、業績も上下があります。

エム・エス・シー・アイ（MSCI）

指数算出会社で、MSCIコクサイ・インデックスなど、有名な指数を作り、使用料を得ている企業です。粗利率が8割、営業利益率が4割～6割など、圧倒的な利益率を誇ります。マーケットには経済状況や人々の関心に応じてESG（環境／Environment、社会／Social、ガバナンス／Governance）など新たな観点に基づく指数を生み出していきますが、新たなジャンルのニッチな指数が出ても、買収して内製化することも可能です。実際に数年前にESGスコアの企業をM＆Aしていました。他社がその牙城を崩すのは難しいと言えます。

S＆Pグローバル（SPGI）

SPGIのSPはスタンダードアンドプアーズを指します。S＆P500やダウ平均30種などの指数に代表される、指数算出会社です。MSCIと同じく、指数の使用料で利益を得ていますが、それだけではありません。世界三大指数算出会社でありながら、信用格付け会社としても世界のトップスリーに入っています。私はマグロウヒル以来の優れた企業だと思います。

アドビ（ADBE）

ＩＴ企業の老舗格で、電子文書のＰＤＦやイラストレータなどが有名です。画像編集、文書編集に長けており、こちらも唯一無二と言っていいでしょう。業績は横ばい傾向でしたが、２０１５年から好決算を連発しました。フォトショップをサブスクリプション化して、毎年課金する仕組みにしたことで、違法コピーは減る、バージョンアップがスピーディになるといったメリットが生まれ、好業績です。若干決算に陰りが見えていますが、ハイテクの中でも参入障壁の高いビジネスモデルです。

マイクロソフト（MSFT）

マイクロソフトも、サブスクリプションとクラウドがポイントです。有名なビジネスソフトであるオフィスなどすべてオンラインライセンスにして、毎年決済の仕組みにしました。違法コピーのＣＤなどが一掃され、利益率が上がっています。クラウドのシェアでもアマゾンのＡＷＳを抜くなど、ほんの5年前のイメージとはがらりと変わりました。

アマゾン・ドット・コム（AMZN）

アマゾンといえば小売り、というイメージがありますが、現在は小売りよりクラウドが伸びています。ただし営業利益率は低く、4〜5％程度です。カリスマ創業者のジェフ・ベゾス氏が社長ということで意思決定が速いのが強みです。先進的なサービスを数々立ち上げる前衛的な営業スタイルも魅力の一つです。

ムーディーズ（MCO）

SPGIと被りますが、世界三大格付け会社の一つです。格付けを間違えると訴訟となるのが懸念材料ではあります。実際にサブプライムローンに伴う格付けのミスはリーマンショックを引き起こし、訴訟になりました。しかし、ビジネスモデルは強固で、知識集積型、参入障壁は同様に高いです。

ビザ（V）

ビザカードでおなじみの企業です。営業利益率が6割程度と高水準です。手数料商売であるため、極小の投資で大きな営業キャッシュフローがあり、フリーキャッシュフローが毎年伸び続けています。ブランド力があり、世界をカバーしている希少な存在です。リスクが意識されるのは、独禁法など、あまりに強すぎるビジネスモデルにメスが入る時でしょう。

マスターカード（MA）

マスターカードで有名な企業です。ビザカードと同様で、圧倒的なブランド力を誇っています。新興国への浸透も着実で、世界経済が成長する限りにおいて恩恵は大きいと言っていいでしょう。決済ビジネスは非常に強いビジネスモデルです。

オートマチック・データ・プロセッシング（ADP）

会計の分野もクラウド化され、ネット上で管理するようになっています。その中心にあるのが、オートマチック・データ・プロセッシングです。

面白いのは、企業の決算情報を持っているので、独自に統計を算出している点です。ADP雇用統計は有名ですね。これらのデータ自体が信頼性が非常に高く、営業活動に繋げられる力があります。

中小企業向けには**インテュイット（INTU）**も高シェアです。お互いある程度競合せず、すみ分けができています。いずれも唯一無二の業態で参入障壁は高いといえます。

フェア・アイザック（FICO）

クレジットスコアを作っている企業です。クレジットスコアとは個人の信用情報を得点化したもので、クレジットカードを作ったり、住宅ローンを借りたいという際、銀行などの金融機関にデータを提供します。

連続増配傾向で、利益の拡大とともに配当も増えていくと見込まれますが、基本的には配当より、値上がり益を狙いたい銘柄です。最初に私のブログで紹介した時から随分株価が上昇しました。決算を見極める必要がある企業の一つです。

ブラックロック（BLK）

世界最大の運用会社です。

SPGIやMSCIの指数をベンチマークにしてETFを作り、運用します。

金融セクターであるため、リセッションの際などに大きく下がることがあるので要注意です。しかし、銀行と異なり競合が少ない、替えが利かない、という強みがあり、逆にリセッションを狙って買うのも面白いと思います。世界三大ＥＴＦ運用会社の1つでもあります。

一見して、金融とハイテクが多いことに気づかれると思います。米国の伸長を支えてきたセクターだからです。しかし、その分ボラタイル（値動きが激しい）でもあるので、市場動向を見極めて投資する必要があることを申し添えておきます。長期保有が基本のインデックス投信やＥＴＦとは違う投資スタイルになります。

おなじみの有名銘柄はどうか

米国には世界的な企業も多いため、気になる銘柄、興味をお持ちの銘柄もあるでしょう。ここからは、有名な銘柄についてみていきましょう。

スリーエム（MMM）

人気のある銘柄ですが、売り上げが伸びておらず、やや悲観的です。とはいえ、製造業のわりに高い営業利益率は注目されていいでしょう。以前は私も保有していましたが、相次ぐ決算悪で値を下げてきました。伝統あるビジネスモデルがどのように復活を遂げるのか注目です。

P&G（PG）

あまり売り上げが伸びていないのが懸念材料でしたが、営業利益率も反転、20％超えと経営改革の成果が出て反発の兆しが見え始めています。日本でも花王などの大手メーカーとの競合に苦しめられるなど、最近はPB（プライベートブランド）として似たような製品が作られてしまうことが多く、劇的にシェアを伸ばせる時代ではありません。セクターとして厳しい環境だと考えられますが、ブランド力は依然、世界中で健在で、配当も魅力の人気銘柄です。上場来高値を更新してきています。

ジョンソン&ジョンソン（JNJ）

基本となる業績は悪くありません。

気になるのは、ベビーパウダーで訴訟リスクを抱えていることですね。肌をさらさらにするタルクという物質の鉱脈がアスベストに近く、アスベスト混入の危険性が指摘されたことがあります。実際、過去に日本でも他社製品でアスベスト混入が見つかって大問題になったことがあります。J&Jは混入はないとの立場をとっていますが、米国で訴訟案件を抱えており、それなりのリスクがあります。この問題に目をつぶれば、ヘルスケアで図抜けた安定感です。

アップル（AAPL）

製造業で、やはり利益を上げるのが難しいセクターです。そのため、業績のわりに常に割安に置かれることが多いです。それでも、独自のブランド力とサービスで、時価総額を増やしてきました。

iPhoneのシェアは世界の携帯電話シェアでも20%以下ですが、iPhoneの稼ぎ出す利益は世界中のスマホメーカーの利益の合計よりも大きく、いかに高収益かが分かります。ただし、高額化が影響して買い替えるサイクルが長くなっており、利益が出にくくなっている側面があります。

中国に強い、という独自の要素もあります。アマゾンも中国にアクセスできていますが、シェアは5位くらいですし、グーグルやフェイスブックは中国では規制されています。中国は海外企業を排除することで自国の企業を育ててきましたが、アップルだけは堂々とビジネスができています。しかし、米中貿易摩擦が過熱すると、中国へのエクスポージャーはデメリットになり得ます。

現在は音楽配信や動画配信などのサービス部門に力を入れ、営業利益のさらなる向上を目指しています。サービス部門では他社と同じくサブスクリプション化を目指しており、実際よく伸びています。

マクドナルド（MCD）

健康志向も影響し、売り上げが今後も順調に伸びていくかどうかは注視が必要です。しかし、ブランド力、利益率の高さは強みといえます。飲食は基本的にはとてつもなく難しい業界ですが、例外的に安定して成長しています。マクドナルドも2000年前後は売り上げ、利益が伸びず、株価も低迷した時期がありました。

現在は、ビジネスモデルを指導し、収益を得るというロイヤリティモデルへの構造改革を図っています。コンビニのフランチャイズのような形で収益を上げるということです。直営店での収益だけでなく、ロイヤリティが安定すればマージンの高い、良い収益になります。

ウォルマート（WMT）

圧倒的な大量仕入れ、大量販売というスケールメリットが魅力で、価格決定力のある大規模スーパーマーケットです。

ネット通販の台頭などで店舗型の小売は厳しい状況にあり、その代表格は家電販売店でしょう。スーパーが家電量販店と大きく違うのは、ネットでは買いにくい生鮮食品を扱っていることで、日本もそうですが、デパートやスーパー、いわゆるGMSでは食品に活路を見出している状況です。

同族経営で有名で、一族は長者番付にも名を連ねています。

エクソンモービル（XOM）

配当銘柄として知られ、個人投資家にも人気があります。

シェールオイルが生産できるようになったことで、米国は石油の輸入国から輸出国に転じました。また、国際社会における非OPEC力も強くなっており、これまでのようにOPECが世界の原油価格を決めていくのではなく、プレーヤーが増えています。需給も崩れ、石油会社は利益を確保しにくくなっています。地政学リスクが高まった時以外、かつてのような高収益体質を維持するのは難しいといえそうです。

個別株投資を考えるうえで、有名企業を候補にする方は少なくありません。それを踏まえ、ブログで質問の多い米国の有名企業について気になる点も含めてコメントしました。**あくまで私見であり、参考程度にご笑覧いただければと思います。**

個別銘柄は手入れをしながら長期保有

個別銘柄に投資する場合も、基本的には長期保有が良いでしょう。

少し値上がりしたところで売って、投資額との差額を利益とするというやり方もありますが、株価や決算をチェックしなければならず、決して楽ちんな投資ではありません。

株長者というのは、それ相応の努力と知識の対価でその地位を得たと考えて良いです。よく株式投資は不労所得と言いますが、見方を変えるとある意味では仕事以上に労力を割いているとも言えます。いずれにしても基本の投資術としては、**いい銘柄を買って、じっくり持つ**、というスタンスがいいでしょう。

私は以前は短期売買ばかりしていましたが、長く保有していればもっと増えた、という銘柄は山ほどあります。2010年〜2015年前後は米国株がそこまで力のあるものだと気付いていなかったのです。

たとえばマスターカードは80ドルで買って120ドルで手放しましたが、250ドル程度になっています。

ムーディーズは90ドルくらいで買い、130ドルで手放しましたが、180ドルを超えています。ずっと持っていれば倍になったわけです。

80ドルが120ドル、90ドルが130ドルなら十分だと思うかも知れませんが、米国株はその感覚とは大きく異なります。**よく知られた大型株でも1・5倍、2倍など、大きく伸びることがよくあります。日本の大型株とはかなり違うことを身をもって感じます。**

ただし前述のように未来永劫、好業績を続けられる企業は多くありません。業績を確認して保有を続けていいかを判断する。個別銘柄ではそんなお手入れが必要です。

第6章

年代別オススメのポートフォリオはこれだ！

3000万円？ 5000万円？ ゴールをいくらに設定するか

これまで米国株の魅力や具体的な銘柄などについて見てきましたが、資産形成や資産運用のゴール、目標について考えてみましょう。

投資をしている人には倹約家、堅実な方が多いように思います。これは自分のセミナーに参加される方や、オフ会などでお会いする方たちについての感想です。私自身も20代の頃はそれなりの倹約家でしたから共感するものがあります。積み立て投資などでお金が増えることが実感できると、もっと原資を増やそうという気持ちになるのでしょう。

20代のお金の価値は60代の15倍という説もあります。これは、複利で増やすとそれだけ増加する可能性がある、ということです。

「積み立て投資で誰もが1億円」は難しいかも知れませんが、**2000万円、3000万円であれば、早くからコツコツ積み立てる、下がった時にも気にせず買い増しするという原理原則を実践すれば難しくはありません。5000万円も視野に入ります。**

平均的な高齢者夫婦の場合、年金収入は20万円程度、支出が25万円程度で、毎月5万円、年間60万円程度不足する、という試算例がありましたね。65歳で完全リタイアして100歳まで生きると、60万円×35年で、約2000万円が不足する計算です。これは、くだんの金融庁レポートに書かれていただけでなく、それ以前からたびたび各種レポートに出ていた試算です。なぜかあのレポートだけ騒がれましたが、いろいろな時期が重なったこともあり、思惑でそうなったのでしょう。

年金が破綻することはありませんが、支給開始年齢が引き上げられる可能性はありますね。定年が延びれば労働人口が確保され、支給開始年齢を引き下げる根拠にもなります。また、平均寿命がどんどん延び、それに伴い健康年齢も延びていきます。働ける期間が長くなり、60歳、65歳でリタイアという、制度設計の前提が変わってきているのです。

また老後資金が2000万円必要になるというのも、一説に過ぎません。人によっては自宅のリフォームが複数回必要になったり、比較的早い時期に病気や要介護になりお金がかかる可能性もあるでしょう。もろもろを織り込み、**3000万円程度は用意すべき**、という説もあります。

時代の流れで今後も退職金が減っていくことを踏まえると、退職金をあてにしすぎることなく、自身で3000万円程度の準備というのが老後資金のバッファとしての目安になるかもしれません。

これはしっかり準備すれば不可能ではありません。「今の収入は、将来の生活費である」という意識をもって、貯蓄と投資をしていくことですね。

投資をしなければ資産が守られる、というのは間違い

投資が怖いという人は、無理して始めることはありません。

ただ知っておきたいのは、**世界的にはインフレが進んでおり、為替相場がボックス相場である以上、日本円の価値は減価している**、ということです。

この20年で日本円はだいぶ弱くなりました。日本円だけ握りしめていると、実はお金の価値は減っているのです。今の１ドルと昔の１ドルの価値が違うように、今の１００円と昔の１００円は、世界目線でみると違うのです。通貨の価値は減価するというのは歴史の必然です。


たとえば毎月３万円多く使ったとして、自分の人生が変わるわけではありません。

ならばその３万円で積み立て投資をしてみたらどうでしょうか。

つみたてＮＩＳＡの上限、年40万円でコツコツ積み立て投資をすれば、２年半で１

00万円です。もしこの1000万円が年率4・5%、あわよくば今までの10年のように10%で運用したらどのように変容するか。**おそらく、人生を変えるインパクトがあるのではないでしょうか。**1日、1週間という短期で成果を求めるのではなく、長期保有のスタンスで成果をみていけばいいのです。

若い年代ほど積極的に、リタイア後は控えめに投資

投資をする際、投資していいお金と、そうでないお金をしっかり分ける必要がある、ということは第1章でも述べたとおりです。

たとえば家を買うために頭金を貯めている、あるいは子どもの学費のためにお金を貯めている。そういったお金は別にしておくのが鉄則です。それ以外の遊んでいるお金で投資をして、「お金が働く」仕組みをつくります。

では、投資していい余裕資金を、具体的にどう運用するかを考えてみましょう。

原則的に、**年齢が若いほど株式の比率は高めにし、年齢を重ねるにしたがって債券や預貯金の比率を上げる**、というのがセオリーです。

米国株の場合、過去のデータでは15年保有すればほとんど元本割れはなくなり、20年持てば元本割れがほとんどゼロになるというデータがあります（79ページ参照）。

つまり、長期になるほど資産運用の結果がプラスになる可能性が高まる、というわけです。若い人は保有できる期間も長いので、短期的なマイナスを意識しなくて済み、株式の割合を多くできます。投資信託やＥＴＦ、個別銘柄などを使い、適切な割合で株式に投資します。

具体的には、初心者の人は次のような比率を目安にするといいでしょう。

- **20代～30代……………株式７、債券もしくは現金３**
- **40代～50代……………株式５、債券もしくは現金５**
- **60代以降………………株式３、債券もしくは現金７**

60歳以降は給与水準も落ち着き、老後資金として運用資金を減らしていくステージになります。そのため、増やすよりも減らさないことを主眼に運用していくようになります。

自身の精神的なリスク許容度をチェックせよ

年代別の比率を挙げましたが、それはあくまで目安です。

年齢が若くても、いきなり株式に7割を投資する必要はなく、まずは少額を投資してみて、**自分のマインドが投資に向くかどうかを確認してから金額を増やしていくと**良いでしょう。向く、向かないというのは、上手かどうかではありません。値動きのことが気になって仕事も手につかない、一日に何度も価格をチェックしてしまうなど、投資がストレスにならないか、ということです。

ブログの読者の方などからは、「最初は毎日確認していました。しかし、半年経ち、1年経つと、あまり株価を見なくなってきました」という声を聞くことが多いです。長期積立の人は特にそうですね。それぐらいの相場との付き合い方で良いのです。投資家のバフェット氏も毎日は株価を見ないと言いますから、ましてや資産運用を仕事にしていない人は時々見るぐらいがちょうど良いでしょう。

反対に、「債券などに資産分散せず、株式だけで積極的に増やしたい」という考え方もあります。リスク許容度の大きい人ですね。**10年、20年と長期で保有でき、一時的に値下がりしてもストレスにならない人は株式に集中するのもあり**だと思います。特に投資額が限られ、つみたてＮＩＳＡとｉＤｅＣｏのみで投資、という資産規模の場合、株式１００％でリスクを取りに行かないと、資産額がなかなか増えないというジレンマに陥ります。

資産額が１０００万円で20％下がれば２００万円の損失など、額が大きくなるほど、上下動の影響が大きくなります。具体的にどの程度のリスクに耐えられるかを考えて、株式と債券、あるいは現預金の割合を決めるといいでしょう。

また投資経験が長い方、スキルが高い方などは、当然ながら60代でも株の比率が高めでも問題ありません。私も年齢の割にはリスク資産の割合が高めです。慣れもありますし、リスクを取らないと資産が増えないのも事実だからです。年齢ごとの目安を念頭に置きつつ、ご自身に合った投資を見つけられると良いですね。

初心者が避けたほうが良い投資

初心者が避けたほうが良い投資があります。

それは、**極端な一点集中投資**です。かつての私ですね。

投資を始めるのには、誰もが多少のハードルを感じます。たとえば、「不安だな」という心理的なものや、「面倒だな」という手続き上のハードルです。これからは投資が必要だと聞いて口座開設の資料を取り寄せても、なかなか口座を開かない人が意外と多いのは、そういうハードルを越えられないからです。

しかし、投資というのはいったんうまくいくと、どんどんやりたくなる傾向にあります。その良さがわかるのと、大して危険ではないという気のゆるみが出るからです。これは株に限らず、不動産でもビットコインでもそうでしょう。そうして、いつしかポジションを取りすぎて、暴落時に後悔するのです。

いいと思える個別銘柄を見つけたりすると、惚れてしまうこともままあります。決算が悪いのに、自分の都合の良い決算予想図をこじつけて考えたり、2倍、3倍になった時の資産額を描いたりするのは誰もがあることではないでしょうか。こういう捕らぬ狸の皮算用のようなものを描いているときは、どこか冷静な自分を失っていますから、気を付けたほうが良いですね。

よほど実績のあるプロ筋でない限り、銘柄分散は重要であり、**個別銘柄に投資するなら15銘柄程度への分散、またはETFで幅広く投資したうえで別途、個別銘柄に投資する**、という、「コア＋サテライト」のスタンスを守りたいですね。

では、理想的なポートフォリオはどうなるのか

ここからは、実際にブログに寄せられた相談にお答えします。よくある質問を選びましたので、参考にしていただけるとうれしいです。

Q

30歳、共働きです。最近、子どもが1人生まれました。現在、妻は育休中ですが、復職後は夫婦で税込み年収800万円、手取りで600万円程度です。
資産は200万円程度しかありませんが、どのような投資方法がありますか？

A

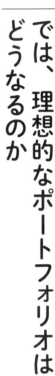

まずは毎月の収支を計算して、毎月、いくらを貯蓄や投資に回せるかを明

らかにすると良いですね。

手取り600万円、単純計算で月額50万円(ボーナスなしと仮定)なら、月15万円、頑張れば20万円は貯蓄や投資に回せるかもしれませんね。

18歳までに大学資金の一部として300万円貯めるとすると、年間17万円弱のペースで達成できます。しかし、中学、高校はお金がかかるので、今のうちに教育費として月3万円、ほかに2万円を貯蓄し、最初は月に10万円程度を投資に回してはどうでしょうか。教育費は確実に貯められることを優先するのがセオリーですし、投資経験がないことも踏まえると、**投資は10万円、預金を5万円**とした方が精神的に楽だと思います。

まとまった資産200万円ということですから、あわてて手を付けなくて良いですね。使う場面がいつ来るかわかりませんから、生活防衛資金として安全に運用するのが良いでしょう。

10万円の投資先の候補としては、米国株4000銘柄に投資するインデックス投信**「楽天・全米株式インデックス・ファンド」**（137ページ）か**「eMAXIS Slim米国株式」**（140ページ）、**「SBI－バンガードS&P500」**（141ページ）がいいでしょう。

投資には、**「つみたてNISA」をフル活用**します。ご夫婦、それぞれがつみたてNISA上限まで使うと年間80万円です。

ご夫婦で投資できるのは年間120万円ですから、残り40万円は、つみたてNISAの枠外で、同じ投資信託を積み立てるか、ほかに興味のある投資信託やETFがあれば、それを積み立てていくのもいいと思います。一部のネット証券では、海外ETFの積み立て購入も可能です。年齢が若いですから、配当重視のETFより、成長性重視のETFが良さそうです。

iDeCo、あるいはジュニアNISAを視野に入れても良いですが、**iDeCoは60歳まで、ジュニアNISAは子どもが18歳になるまで、資金を引き出すことができません。**つまり資産拘束があります。iDeCoについては、受取時の税金にも注意が必要です。（223ページ参照）。

120万円を30年間積み立て、年利4・5％で運用すると、約6940万円の資産を築くことができます。**年利3％でも約5830万円**です。相場なので確実ではないですが、励みになる数字とは思います。とにかく、コツコツと続けることで道は拓けます。

Q

35歳、フリーランス夫婦です。子どもはいません。退職金がないので、老後資金が足りないのではないかと不安です。何かいい方法はありませんか？　収入が不安定なので額は決めていませんが、毎月少なくとも1人10万円くらい、多い月はもっと貯蓄しています。

A

おっしゃる通り、フリーランスや自営業者には退職金がありません。また会社員は国民年金と厚生年金の2階建てなのに対し、フリーランスは国民年金のみですから、年金額も少なく、２０１９年４月分からの年金額は満額でも78

万円、月額にすると6万5000円で、ご夫婦で13万円です。

このようなケースで老後資金づくりのために最優先で利用したいのが、「iDeCo」です。iDeCoとは60歳以降に年金や一時金などで受け取る老後資金づくりのための制度です。

iDeCoで選べる商品は、投資信託や預金、保険商品などがあり、金融機関が用意した中から自分で選んだ商品を積み立てていくことになります。

積み立てた金額（拠出額）は全額が所得から控除され、所得税や住民税が安くなるという大きなメリットがあります。所得税率が10％の人が年間50万円を拠出すると、所得税だけで5万円の節税になります。また運用益も非課税です。

iDeCoを利用すれば、**節税しながら老後資金が準備できる、また積み立てで時間分散を図りながら投資ができる**、ということになります。

加入時、運用中、受取時にコストがかかりますが、一部のコストは金融機関によって金額が異なり、後述のネット証券を使えば最安で利用できます。

年間の拠出額は職業などによって異なり、**フリーランスの場合、上限は月額6万8000円、年間81万6000円**です。フリーランスは収入が不安定なことが多いですから、いつでも使えるお金を多めに持っておくことも重要です。しかし、相談者はご夫婦それぞれが少ない月でも10万円は貯蓄しているとのことですから、毎月6万8000円ずつ（年間で81万6000円）をｉＤｅＣｏに回してもよさそうです。またｉＤｅＣｏは原則60歳まで引き出しができません。住宅購入、お子さんがいれば教育費などの準備も考えて拠出額を決めることが大切です。なお、ｉＤｅＣｏの拠出額は年1回、変更することができます。

積み立てられる商品は金融機関によって異なります。自分の積み立てたい商品がある金融機関でｉＤｅＣｏを積み立てると良いでしょう。**「楽天・全米株式インデックス・ファンド」**（137ページ）がラインナップされています。

今、35歳で老後資金が必要になるまで25年以上あります。そのため、全額、株式投資信託でも良いでしょう。

月6万8000円を25年間積み立て、年利4・5%の場合、iDeCoだけで約3496万円の老後資金が準備できます。夫婦で約6990万円です。

Q

66歳男性。65歳まで雇用延長で働き、完全にリタイアしました。子どもはみな独立し、妻と2人暮らしです。退職金などで預金が4000万円ほどあり、年金と合わせると老後資金は足りると思います。とはいえ、預金ではもったいないので投資をしたいです。

A

セオリーに沿ってお答えすれば、**老後資金が準備できているのであれば、無理して投資する必要はない**、という結論になります。年金もしっかりしていてお金を増やす必要がないからです。もし投資によって大きく目減りするようなことがあると、人生設計そのものが狂いますね。労働というインカムでカバーできれば良いのですが、年金生活になるとインカムは年金だけで、一般的にカバーするのは困難です。ただし、企業年金が潤沢といったケースであれ

ば、少々のリスクはとっても良いでしょう。

投資をするのであれば、**ネット証券がおすすめ**です。

最初は、**つみたてＮＩＳＡの非課税枠を使って楽しむ程度で投資するのが良い**でしょう。くれぐれもリスクを取りすぎないことです。

商品は**投資信託かＥＴＦが良さそう**です。リタイアされた方は時間があるがゆえに相場を見過ぎて、下がった時に焦って売却してしまう、という失敗も聞きます。とくに個別株は値動きが大きく、そういった罠にはまりがちです。

そうした失敗を避けるためにも、タイミングを選ばない積み立て購入にする、銘柄分散されている投資信託やＥＴＦにする、というのが最初は良さそうです。

Q

10％値下がりしたら損切りしようと決めているのですが、ついつい「いつかは上がるはず」と思って売ることができません。業務内容や材料を見れば見るほど「売れない」と思ってしまいます。結果的に塩漬けにしてい

る銘柄もあるので、どうすれば損切りできるか教えてください。

A

とてもいい質問ですね。同じ悩みを抱えている人は少なくないと思います。

大事なのは、**「買う時にどういうストーリーを描いて買ったか」**です。

たとえば、ＩＰＯ株（新規公開株）は上昇するというストーリーで買うのですから、初値を割れるような場合はストーリーが崩れており、売ったほうが良いでしょう。さらにやられることにもなりかねません。**自分の描いたストーリーが違ったらその瞬間に売らないと、損切りの習慣が身に付きません。**

成長株の決算の内容に期待して買ったのならば、決算がだめなら売りです。せいぜい待っても2期決算まででしょう。

そういうストーリーを持って買えば売る判断がしやすいですし、ストーリーが崩れたら即売る、というのはシンプルです。そうでないとズルズルと塩漬けすることになります。**投資というのはこのリスク管理が非常に大事です。**

市場は生き物であり、どんなにいい銘柄であっても、売られる時は売られ、株価が下落します。落ちるときはズドーンと落ちる銘柄もありますからね。

景気後退、政治リスクなど、市場にマイナスのニュースなどで下げることもありますが、企業の本質的な価値は下がっていない可能性もありますね。

たとえば企業の価値が変わらないのに株価が10％下がったところで売ってしまうと、割安で売ることになります。株価が一定幅下がったら売るというのは、損切りのルールとしてありがちですが、実は損切りのルールとして機能しにくいといえます。市場は、時々値付けを間違えることがあるのです。

それよりも、自分がなぜ投資するのかを明確にしておき、それから外れたら売る、というルールを決めておいた方がいいと思います。**株価変動を判断基準にするのではなく、ストーリーから外れたら売り、**ということです。

米国は伸び続ける。私はそういうストーリーを描いているから、米国株約4000銘柄に投資する「VTI」などの米国株ETFの長期買い持ちをおすすめしています。したがって、「VTI」を売るのは、何らかの理由で長期的な米国経済に期待できなくなった時、または資金が必要になった時だけです。ストーリーが明確で、売却のルールを持っているから、一時的に値下がりしてもあわてて売ったりすることがないのです。

Q

仕事や子育てに忙しく、市況を見るのも通勤途中や昼休みくらいしかなく、投資に使う時間がありません。収入は伸びないし、これから教育費にもお金がかかる……。自分の老後のために投資するお金も時間もなく、焦るばかりです。

A

逆に投資に使う時間がないから良いこともありますね。**無理のない金額で、時間がなくてもできる投資をすればいい**のです。

投資信託やETFに積み立て投資するのであれば、難しい知識も、頻繁なチェックも必要ありません。淡々と積み立て投資を続けて長く持つ、それだけでOKです。

今後も米国の経済成長は続きます。したがって、世界における米国の立場と、米国が経済の中心にあるという情勢が変わらないか、ということを見ていけばいいと思います。

神経質に情報を集めようと思わなくていいのです。

現役世代は仕事や家庭、趣味、場合によっては介護などで時間がありません。**投資信託やETFを淡々と積み立てて、**持つだけで十分です。金額にも焦ることなく、月に1万円でも始めれば違った景色が見えてくるはずです。

Q

個別株投資をしてインデックス以上に成果を出したいのですが、絶対に見ておくべきもの、また心掛けるべきことを教えてください。

A

個別株については、決算の時期にIRを読む、相場を見る、業界の動向を知る、といったことが必要で、それなりに時間も知識も必要です。自分なりに、大事にする数字や資料を投資に反映させていくことになります。

数字を意識すれば、確度を上げることはできるでしょう。このような定量的な判断と定性判断を組み合わせると良いでしょう。

しかし、時間を費やして研究したからといって、必ずしも成果が上がるというわけではありません。知識があるから勝てるわけではないというのが、面白いところです。

その時の相場の空気感もありますし、投資には心理が大きく影響するからです。そういう意味では、この10年はいささか恵まれすぎていましたから、私も含めて米国株投資家の方々は少々実力以上に結果が出た面はあるかもしれませんね。

下げた時には誰もが売りたくなります。逆に上げた時には買いたくなります。そういうものなのですね。しかし、先にあげたようにストーリーを信じて、投資を続けることです。

常に相場に対して謙虚であることは大事だと思います。つまり、資金をしっかり管理しておくということです。

投資歴が長くなってくると**「値下がり＝投資するチャンス、大きな値下がり＝大チャンス」**という形で前向きに調整や暴落をとらえられるようになります。というのも、資金管理をきちんとする習慣が身に付くので、手元資金で買い出動できるからですね。フルインベストだとバッファがなさ過ぎ、相場が調整しても身動きが取れず、新たな投資をするには手元の株を売ってキャッシュをつくらなければならない、ということも起こり得ます。

Q

50歳会社員です。投資できるお金が５００万円あります。投資経験がありませんが、一度にまとめて米国株に投資してもいいでしょうか。

A

一括投資はあまりおすすめしていません。一貫して**時間分散を推奨**しています。

次ページの図にも示したとおり、一直線で値上がりするなら、一気に投資した方が有利です。米国株は右肩上がり、という前提ならば実は一括投資をしたほうがいいのです。しかし、先ほども申し上げたように、株式投資は人の心が大きく作用します。

そのため、初心者さんが一気に投資するのはおすすめできません。

相場というのは下落局面も経ながら上がっていきます。絶好調だったこの10年でさえそうですね。まとまった額を投資して下がった状態が続くのはなかなかしんどいものです。投資に慣れていない人、また毎日のように株価をチェックしなければ気が済まないような人は、積み立てで時間分散を図りながら投資した方が精神衛生上も良いと思いますよ。

一括投資が得する相場
(例：相場が右肩上がりのとき)

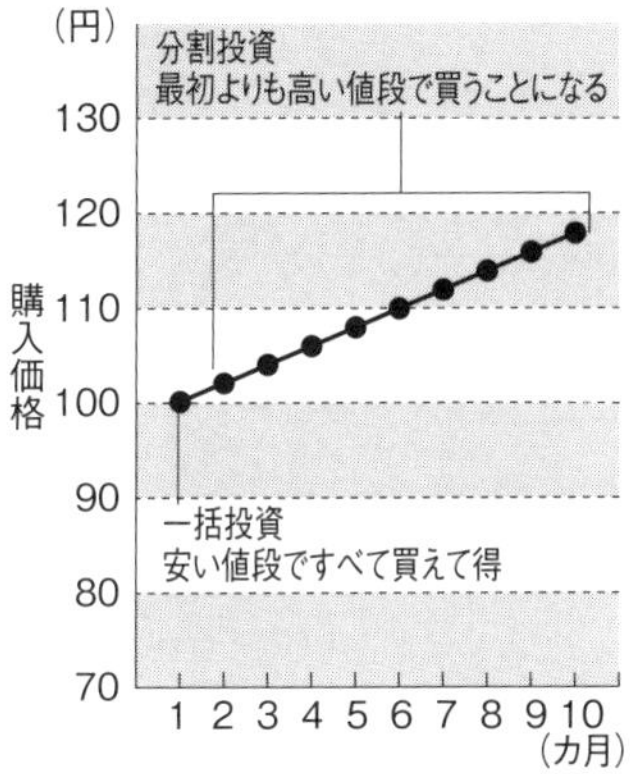

分割投資が得する相場
(例：相場が下落しその後回復したとき)

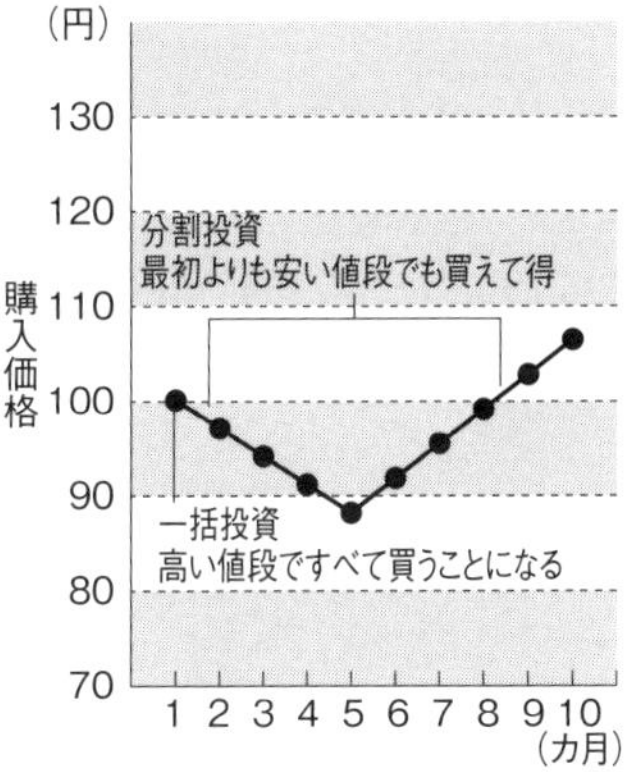

ウェルスナビ

若い世代の資産は
株式多めでOK

第7章

米国株投資の実践レッスン

米国株投資にはどの金融機関を利用すればいい？

投資信託や国内ＥＴＦ、海外ＥＴＦ、個別銘柄に投資するには、証券会社に口座を開く必要があります。

海外ＥＴＦや米国の個別銘柄にも投資できる証券会社を選んでおけば、投資経験を積んだり、関心が広がったりした時にも便利です。

国内の有力ネット証券で海外ＥＴＦや米国株の個別銘柄が売買できるのは、**楽天証券、ＳＢＩ証券、マネックス証券、サクソバンク証券、ＤＭＭ．ｃｏｍ証券**の５社です。

各社それぞれに特徴があり、手数料や取扱銘柄数などでいい意味での競合関係にあります。各社でコラムやレポートなども提供していますので、メインの口座とサブの口座など、複数の証券会社に口座を持ち、使い分けるのもいいでしょう。私も複数の口座を利用しています。

手数料については競争が激しく、2019年8月現在、楽天証券、SBI証券、マネックス証券は横並びの状態です。約定価格が2・2ドル未満の場合、3社とも手数料は無料、2・2ドル超では約定代金の0・45%、上限で20ドルです(別途消費税)。

また銘柄数ではマネックス証券やサクソバンク証券が抜きん出ており、大型株だけでなく、小型株も売買したい、情報を得たいとなると、その2社にメリットがあります。

為替手数料が安いSBI証券をメインにして、サブでマネックス証券、つみたてNISAでポイントの付く楽天証券などと使い分ける人もいます。

各社の特徴をまとめてみます。

楽天証券

楽天証券は画面が見やすく、初心者にも売買しやすいのが魅力です。

楽天ポイントで投資信託を買える、投資信託をクレジットカードで積み立て購入でき、ポイントが付くなどのサービスが強みです。新規開設口座数トップに立っています。

SBI証券と並んで、iDeCoの手数料も業界最安値です。

SBI証券

SBI証券は口座数がトップのネット証券です。

米国ETFと、米国の個別銘柄やETFの定期買い付け、つまり、積み立て購入できるサービスがあります。毎月指定した日に、指定したETFや個別銘柄を、指定した金額（または指定した株数）で買い付けてくれるもので、手間なく、時間分散を図りながら投資ができます。投資信託の積み立てができる金融機関は多いですが、ETFや米国の個別銘柄でこれができるのは貴重です。

海外ETFや個別銘柄に投資するにはドルが必要で、通常は証券会社に円を入金し、証券会社でドルに交換します。その際、為替手数料がかかり、相場は1ドルにつき25銭です。SBI証券も25銭ですが、**住信SBIネット銀行を経由すると4銭、SBI証券FXαを使えば0・5銭**（ただし1万ドル単位）と、業界最安になります。

またSBI証券では保有している米国株を貸して金利を受け取る貸株のサービスがあります。「カストック」というサービスで、金利はほとんどが0・01%、高いものでは2%程度と驚くほど高いわけではないですが、投資金額が大きくなると良さを実感できます。

楽天証券と並んで、iDeCoの手数料も業界最安値です。

マネックス証券

マネックス証券の魅力は、米国株取扱銘柄数が多いことです。他社が1300銘柄前後なのに対し、マネックス証券は約3400銘柄と、圧倒的な多さです。

また指値の有効期間が最長90日間であったり、逆指値や時間外取引が可能なこと、株価がリアルタイムである点はマネックス証券の強みです。**中上級者に人気のサービ**

スが多いので、個別株を極めたい人には有力な選択肢になりそうです。スマホでの米国株注文アプリがあります。

サクソバンク証券

デンマークがルーツの証券会社です。

米国株の取り扱い銘柄数は6000以上と圧倒的な多さです。

特定口座がないほか、つみたてNISAやiDeCoといった非課税制度の取り扱いはありません。しかし、国内トップの取り扱い銘柄数や、国内最安の手数料水準、テクニカル分析に優れたツールなどサクソバンク証券ならではの特色があります。

CFD取引に強みがあり、これを活用した個別銘柄の売りもできます。

DMM.com証券

FXで業界トップクラスの証券会社です。

スマホアプリで米国株が売買できます。また取引手数料の1%、DMM株ポイントが貯まります。1000ポイント以上で現金に交換可能です（1ポイント＝1円）。

「誰でもできる米国株」というコラムを寄稿していますので、よかったら読んでみてください。

口座の種類はどう選ぶ？

証券会社の口座は、各証券会社のサイトから申し込みができます。

すでに証券口座を持っている場合でも、外国株を取引するための手続きが新たに必要になることがあります。口座のある証券会社のサイトで確認してみてください。

証券口座には、次の3種類があります。

「特定口座／源泉徴収あり」「特定口座／源泉徴収なし」「一般口座」です。

口座開設の際に、3つのうち、いずれかを選択できます。

「特定口座／源泉徴収あり」

投資で生じた利益から自動的に税金が差し引かれる口座です。日本株や投資信託、国内ETFだけなら確定申告をする必要がありません。基本的には、この口座を選択しておけば良いです。

ただし、「外国税額控除」を受けるには確定申告をする必要があります。

「特定口座／源泉徴収なし」

この口座は証券会社から年間の取引内容をまとめた書類を受け取り、それをもとに自身で確定申告をして納税する必要があります。

しかし、メリットもあります。

売買益と配当収入の合算で年間の利益が20万円以内なら、所得税がかからない、ということです。年末調整をしている人なら確定申告をする必要もありません。ただし、地方税、住民税部分に関しては申告が必要です。

ちなみに長期投資のスタンスであれば、保有中に生じるのは配当益のみで、売買益と違って収益の見込みがつきやすいといえます。

非常にざっくりですが、高配当狙いの投資で配当利回りが年率3・5％とすると、投資額500万円程度までなら収益が20万円以内に収まり、「特定口座／源泉徴収なし」を選ぶメリットがあります。

少額投資なのに源泉徴収ありを選んでいると、源泉徴収で税金を払い続けることになります。源泉徴収で収めた税金は還付されませんので、口座の種類は自身の投資額などを見極めて選択することになります。

「一般口座」

一般口座では、自身で年間の取引を把握して損益を計算し、確定申告を行います。確定申告をするために、次のことを自身で記録しておく必要があります。

1．買付約定株価とその時の為替

2．売却約定株価とその時の為替、その差益

3．配当金額とその時の為替

これを全て合計します（為替については、海外ETFや個別銘柄の場合）。
また、税額は円建てですから、米ドルで売買していてもその時の為替を把握し、記録しておかなくてはいけません。

手間はかかりますが、自身で損益を厳密に管理する習慣が身に付きます。かつての米国株投資家は、みなこれを手作業でしていました。

なお、一般口座の場合も年間20万円以内の売買益・配当益ならば所得税はかからず、確定申告は不要です。

これらのことから、基本的には楽ちん投資のために**選択すべき証券口座は「特定口座／源泉あり」といえます。**投資額によっては、**「特定口座／源泉なし」で税メリットを受けるのもいいでしょう。**

米国株投資の税金はどうなる？

投資信託や国内ＥＴＦの売買、海外ＥＴＦや米国株の個別銘柄売買では、課税方法が異なります。配当金については先述しましたが、改めて整理しておきます。

投資信託の分配金や売却益

・所得税・住民税として20％の源泉分離課税
・復興特別所得税として０・３１５％
…合計で20・３１５％

国内ＥＴＦの配当金や売却益

・所得税・住民税として20％の源泉分離課税
・復興特別所得税として０・３１５％

…合計で20・315%

海外ETFや米国株

〈配当金〉

・米国で10%

・日本で20・315%

…確定申告をして「外国税額控除」を受ければ米国での税額の一部が戻る

〈売却益〉

・米国での現地課税なし

・日本で20・315%

つみたてNISAと一般NISA、どっちがお得？

投資信託の積み立て購入で「つみたてNISA」を利用すると、運用益が非課税になるメリットがあります。

楽ちん投資にはぜひとも利用したい制度ですが、もうひとつ、税メリットのある制度として「一般ＮＩＳＡ」もあります。つみたてＮＩＳＡが、年間40万円を上限に、金融庁が認定した投資信託または国内ＥＴＦを積み立て購入するのに対し、一般ＮＩＳＡは、投資信託、株式、ＥＴＦなどを年間１２０万円まで投資でき、５年間、利益が非課税になる制度です。投資可能期間は２０２３年までです。

つみたてＮＩＳＡと一般ＮＩＳＡは同時に併用することができないため、いずれかを選ぶ必要があります。今は**つみたてＮＩＳＡ**が良いでしょう。

理由は２つあります。

１つ目は、一般ＮＩＳＡは非課税期間が5年と短いことです。投資から5年経過したときにロールオーバーすれば、さらに5年間、非課税期間が延長されます。しかし、それでも10年と、長くありません。

そして２つ目は、つみたてＮＩＳＡでは、対象となる商品を金融庁が選定している、という点です。低コストで長期保有に適したものが選定されており、初心者も商品選びで迷うことが少ないです。

つみたてＮＩＳＡを利用するには、つみたてＮＩＳＡ専用の口座を開設する必要があります。つみたてＮＩＳＡを扱っている証券会社では、証券口座と同時につみたてＮＩＳＡの口座も開設できます。

iDeCoはどんな制度？ どんな商品を買うといい？

ｉＤｅＣｏ（個人型確定拠出年金）は、公的年金の上乗せ分として、任意で老後資金づくりができる制度です。60歳まで資金を拠出でき、原則60歳以降に受け取ります。

仕組みや手数料、また拠出できる額は223ページの表のとおりです。

米国株を扱う主なネット証券5社のうち、楽天証券、ＳＢＩ証券、マネックス証券の3社はiDeCoも扱っています。取り引きする金融機関は少ない方が楽ちんなので、iDeCoを利用するなら、3社のいずれかを候補にするのも手です。

毎月、負担するコストの一部は金融機関によって金額が異なりますが、楽天証券、SBI証券、マネックス証券では、いずれも無料となっています。

またiDeCoは金融機関によって買える商品が異なりますが、3社とも、優れたインデックス投信が入っています。これまでご紹介した商品を選ぶと良いでしょう。

ちなみに、勤務先で企業型DC（企業型確定拠出年金）がある方は、ご自身の運用商品を点検してみましょう。

米国株の投資信託やETFが入っていればそれを選びたいところですが、現状ありません。したがって、全世界株式のインデックス投信などが候補になります。

ご自身の老後に影響することですから、要チェックです。iDeCoも企業型DCも、預金などの元本確保型で運用したのでは、運用益非課税のメリットが活かせません。

iDeCoについては、60歳以降に受け取る際、課税対象になります。年金として受け取る場合は「公的年金等特別控除」、一時金で受け取る場合は「退職所得控除」を利用することも可能ですが、場合によっては税金がかかることもあります（223ページ参照）。

どう受け取るかは受取時期が近付いたときに検討すればいいのですが、課税についても念頭において選択すると良いです。

ちなみに、拠出した元本も含めて課税対象にするのは、制度設計上の問題がありま す。米国では年収の枠内は非課税で積み立てられますし、イギリスも非課税枠が大きいです。制度がさらに良くなることを願っています。

iDeCoの概要

制度の趣旨	国民年金や厚生年金の上乗せとして任意で年金づくりができる制度
税制など	○拠出額が全額所得控除され、所得税などが軽減される
	○運用益が非課税
	△一時金で受け取ると退職所得控除、年金受取では公的年金等特別控除を適用
いくらから？	月額5000円から。1000円単位
上限は？	働き方などによって異なる
	自営業／月額6万8000円（年額81万6000円）
	会社員・企業年金なし／月額2万3000円（年額27万6000円）
	会社員・企業型DCに加入／月額2万円（年額24万円）
	会社員・その他／月額1万2000円（年額14万4000円）
	公務員など／月額1万2000円（年額14万4000円）
	専業主婦・専業主夫／月額2万3000円（年額27万6000円）
拠出できる期間	60歳まで
対象商品	金融機関が品ぞろえした投資信託や預金商品、保険商品
受け取り	原則60歳以降

iDeCoの手数料 （税込・2019年9月時点）

●加入するとき／初期手数料

国民年金基金連合会	2777円

●掛け金を拠出しているとき／毎月

国民年金基金連合会	103円
事務委託先金融機関	64円
運営管理機関	金融機関により異なる
合計	最低167円

●新たな掛け金を拠出せずに運用指図のみしているとき／毎月

事務委託先金融機関	64円
運営管理機関	金融機関により異なる
合計	最低64円

●給付を受けるとき／給付手数料／1回あたり

国民年金基金連合会	1029円
事務委託先金融機関	432円
合計	1461円

つみたてNISAとiDeCo、どちらを優先させるべき？

つみたてＮＩＳＡとｉＤｅＣｏは、投資信託などを積み立て購入していく、という点が共通しています。

どちらを優先させるべきか、悩む人もいます。基本的には、税メリットを検討したうえでいずれかを選ぶのが得策です。

ｉＤｅＣｏの方は運用利益が非課税になるのに加え、掛け金が全額所得控除され、所得税や住民税が軽減されます。これはつみたてＮＩＳＡにはない特典です。ただし、ｉＤｅＣｏは将来、年金や一時金として受け取る際に所得税や住民税の課税対象になるという、つみたてＮＩＳＡにはないデメリットがあります。

ｉＤｅＣｏで積み立てたお金を将来、一時金で受け取る場合は「退職所得控除」の適用を受けることも可能ですが、会社員で退職金がある人はそちらで控除枠を使うのが一般的です。場合によってはiDeCoの一時金には退職所得控除が使えず、税負担が大きくなることも考えられます。

また年金として受け取る場合は「公的年金等控除」の対象となり、一定の額を差し引くことができますが、公的年金だけで非課税枠を超えてしまえば税負担が生じます。

とくに会社員の方は退職金がある、自営業の方（国民年金）より公的年金が多い、という点で受取時の税金が気になります。

したがって、「所得控除のメリットと、受取時課税のデメリットを比較したうえで選ぶ」というのが基本になります。iDeCoを検討する際には知っておきたいことです。

一方、退職金がなく、公的年金も少ない自営業の方は、所得控除のあるiDeCoは積極的に検討したいところです。

iDeCoはあくまで老後資金づくりのための制度であり、運用したお金が受け取れるのは原則60歳以降です。それより前に使う可能性があるお金は、つみたてNIS

Aが適しているでしょう。iDeCoの掛け金を決める際には、教育費その他の資金がショートしないように気を付けましょう。

資産のバランスが崩れたら、「リバランス」すると良い？

たとえば株7割・債券3割で投資をしたとします。しかし、相場は生き物、値動きによりバランスが崩れることがままあります。この時に、資産バランスを整えることを、「リバランス」といいます。

収入のあるうちは、株式が増えたら債券を買い足す、債券が増えたら株を買い足すなど、資産を売らずにリバランスをすると良いでしょう。売らずにリバランスすることを、「ノーセルリバランス」と言います。買い足すだけの非常に簡単なやり方で、多くの投資家が採用しています。ただし、資産額が増えると売ってバランスを取っていくことになります。

持ち株が値下がりした時、どう凌ぐ？

どんな資産も、短期的には必ず値下がりする局面があります。米国株、特に投資信託ならば、あわてる必要はありません。20年、30年というスパンでは、ちょっとした値動きに過ぎないからです。

とはいえ、あまりいい気分はしませんし、不安になるのが普通ですね。

インデックス投資においては、特に「**良いものを　続けて長く　買い続ける**」ということが大事になります。それでは、どうすれば不安に負けずに買い続けることができるのでしょうか。

それは、ストーリーを作り、十分に腹落ちしてから買う、ということです。

たとえば本書での主張は**「米国経済は今後も成長するし、株価指数も連動して上昇する」**というものです。これに納得できるなら、米国株のインデックス投信やETFを、不安に負けずに買い続けることができるはずです。

「世界経済は今後も成長するし、株価指数も連動して上昇する」というストーリーを描くなら、世界中の株式に投資するインデックス投信を買うのも良いでしょう。

このように、自分が納得できる投資方法を固めてから投資をしましょうということです。

この20年で情報量は劇的に増え、ネットや本で様々な情報を得ることができます。逆に、そのことによって迷う人がいますが、最も納得できる、シンプルな主張に従って投資を続けることが大切ですね。

強調しておきたいのは、**「下がった時に積み立て購入を休まない」**ということです。下がってきた時は多くの株を買うことができ、積み立て購入の成果を高める大チャンスなのです。

個別銘柄も同じです。なぜ買うのか、ストーリーをしっかり持ち、それが変化したら売るのです。決算などの定量的な評価になることもあるでしょうし、部門売却や経営者の交代など定性的な評価になることもあるでしょう。

いずれにしても、個別株投資はしなやかさが必要です。初心者を超えた人向けの投資である理由の一つが、そこにあります。

出口戦略の立て方はどうする？

描いたストーリーに変化がなくても、価格がある程度上がってくると、売って、利益確定したいと思うこともあります。

しかし、利益確定して、そのお金を再投資する場合、売却益から税金が差し引かれることになります。コストを考えれば、**基本的には利益確定せず、さらなる値上がりをめざすのがいい**と言えます。

つまり、**売るのはお金が必要になった時が理想**、というわけです。

価格のうねりをとる自信がある人は、上がったら売る、下がった時にまた買う、という選択肢もありますが、上級者向きです。

年齢も考慮する必要があります。

40歳で積み立てをはじめて、60歳、70歳と年齢を重ねていくと、リスク許容度は下がっていきます。それに合わせるために、**値上がりした時に一部を売却し、株式などの割合を下げていく**、というのもいいでしょう。

基本的には、そういったリスク調整、または、お金を使う必要性があった時に売る、というのが理想的です。

投資を始める前に読みたい たぱぞうのオススメ本

私が投資をはじめた頃は、書店にずらりと投資に関する良書が並ぶ、ということはありませんでした。今では多くの良書を見つけることができます。学ぶことが多いと感じた本をご紹介します。

◇**『株式投資の未来～永続する会社が本当の利益をもたらす』**（ジェレミー・シーゲル著／日経BP社）

◇**『敗者のゲーム』**（チャールズ・エリス著／日本経済新聞出版社）

◇**『インデックス投資は勝者のゲーム』**（ジョン・C・ボーグル著／パンローリング）

◇『**千年投資の公理**』（パット・ドーシー著／パンローリング）

◇『**オニールの成長株発掘法**』（ウィリアム・J・オニール著／パンローリング）

◇『**億万長者をめざすバフェットの銘柄選択術**』（メアリー・バフェット、デビッド・クラーク著／日本経済新聞社）

◇『**ピーター・リンチの株で勝つ**』（ピーター・リンチ著／ダイヤモンド社）

◇『**ものぐさ投資術**』（朝倉智也著／PHP研究所）

◇『**難しいことはわかりませんが、お金の増やし方を教えてください！**』（山崎元・大橋弘祐著／文響社）

◇『**お金は寝かせて増やしなさい**』（水瀬ケンイチ著／フォレスト出版）

◇**『ミネルヴィニの成長株投資法』**（マーク・ミネルヴィニ著／パンローリング）

◇**『バカでも稼げる「米国株」高配当投資』**（バフェット太郎著／ぱる出版）

◇**『毎月10分のチェックで1000万増やす！　庶民のためのズボラ投資』**（吊ら男著／ぱる出版）

◇**『世界一ラクなお金の増やし方』**（NightWalker著／ぱる出版）

ベストセラー、ロングセラーになっている本は、どれも面白く、読み応えがあります。何冊か読んでみて、共感できる人を見つけ、その人の真似をしてみるのもいいと思います。

一方で多様性も大切ですから、ほかにどんな考え方があるのかも知り、自身の考えを確立していくのが理想的です。

値下がりしても
買い続けよう

おわりに
～積み立て投資で始める資産運用と老後への備え～

老後に２０００万円足りないとする金融庁レポートが参議院選挙前に大きく取り上げられました。２０００万円足りないとか、統計によっては３０００万円足りないとか、いろいろな言説があります。今に始まったことではない議論ですが、改めてクローズアップされたのは２０１９年の参院選前だったからでしょう。

さて、老後に必要な資金は実際いくらなのでしょうか。２０００万、３０００万……５０００万!?

どれが本当で、どれが違うのか。答えは明確です。どれも本当でどれも違うのです。なぜなら、一人ひとりによって置かれた環境が違うからです。

確実に言えることは、「備えあれば憂いなし」ということです。備えの最大の答えは「資産運用」ということになります。あるいは、節約や共働きというのも有効な手段でしょう。

日本の株式市場はすでに30年間、最高値を更新していません。また、年収および所得も停滞したままです。今後、これらの数字がドラスティックに改善することは考えにくく、粛々と縮小する経済、縮小する生活を私たちは受け入れて対応していくことになります。30年前のバブル崩壊後、「失われた10年、失われた20年」と言われました。なんのことはありません。失われたのではなく、この実態が常態化しただけなのです。

自由が保障されたグローバリズムの価値観の世界に生きるということは、生まれたところや皮膚や目の色で生活の質が決まるのではなく、個々のポテンシャル次第でどのようにでも生活が変容するということです。

つまり、私たち日本人が日本人であるだけで豊かな富を手に入れられる時代は過ぎ去ったということです。父親が働いて家族を養い、預金をし、老後は年金で安泰、という時代はすでに過去のものになったとも言えるでしょう。

年収が細る中、共働きによる2本の大黒柱、そして3本目の大黒柱が必要です。言うまでもなく、3本目の柱は「資産」そのものです。

つまり、お金自身で働いてもらい、最大化を図るというアクティビティが必要な時代になりつつあるということです。

とはいえ、多くの方は資産運用になじみがありません。私自身は、たまたま株式投資を好む家系に生まれたので人生が変わることになりましたが、前にいた職場の仲間のほとんどは資産運用らしいことをしていませんでした。おそらく、私も家で得た知識がなければ資産運用に興味を抱くことはなかったでしょう。

本書で示した、米国株ＥＴＦ・投資信託を使った資産運用方法は、誰もが再現することのできる手法です。決算書を読み解く力、専門用語を解する英語力。そういったものは一切必要ありません。ただただ、20年、いや30年後を見通して積み立てていくだけです。

慣れてきたところでドルでの投資、あるいは個別株投資などに食指を伸ばしても良いでしょう。いずれにしても、「お金がお金を生む」ことが生活の一部になり、より良い生活を読者の皆様が実現されることを願ってやみません。

私事ですが、私は２０１１年から２０１４年まで前妻の介護を経験しました。１歳と６歳の子どもを抱え、介護・育児・仕事・家事をやり抜きました。この時に支えになったのが自分の資産額であり、資産運用力でした。いざとなれば、休職してもやっていける、こういう心の余裕がどれだけ折れそうな心を支えてくれたか分かりません。

３本目の柱を作るということ、それはとりもなおさず生活上でのリスクそのものも分散させるという意味があるのです。困難な時代を生き抜く資産運用術。資産が太く、大きな柱になるように、ともにがんばりましょう。

２０１９年　９月　mango tree cafeにて

たぱぞう

たぱぞうの 幸せ「米国株投資」あかさたな

あ 焦らずに
長期保有が実を結ぶ

い いくらまで貯めたいのかを
決めましょう

う 海を越え
世界の成長いただきます

え 選ばれた企業が集まる
S&P500

お お金が勝手に増えるのは
米国株のおかげです

か 株主本位
徹底されてるアメリカ社会

き きっといつかは
1億円

く 苦しまず
無理なく続ける株式投資

け 健康は
お金よりも大事です

こ 困ったら、
たぱぞうブログに相談だ

さ 3億を超える人口が
アメリカの強み

し じっくり待てば
大きな果実が育ちます

す すくすくと
大きく育て、我が資産

せ 全財産の一点投資は
やめましょう

そ 損しても
あわてて売ってはいけません

た

短期の売買、
損の元

ち

小さな額から
始められる米国株投資

つ

つみたてNISAは
絶対お得

て

手間がかからぬ
投資が一番

と

時がお金を
稼いでくれる

な

慣れてなくても
簡単です

に

人間の
英知が生んだ投資術

ぬ

抜きんでて
成長しているアメリカ経済

ね

寝かせたままの
ズボラ投資でいいんです

の

のんびり構え
実りの時を待ちましょう

は

初めての
米国株投資にＶＴＩ

ひ
広く細かく投資する
海外ＥＴＦもおすすめです

ふ
フリーランスに
ｉＤｅＣｏがおすすめ

へ
へたな個別株投資の
銭失い

ほ
ほったらかしでも
お金が増える

ま

毎月分配型投信は
買ってはいけない

み
みんなの笑顔をつくる
米国株投資

む
無理なく続ける
定額投資

め
面倒な
価格変動に悩まない

も
モノじゃなく
投資にお金を使いましょう

や

休んでる
時にもお金が増えていく

ゆ

ゆっくりじっくり
資産形成

よ

よせば良かった
一括投資

ら

楽ちん投資を
続けていきましょう

り

理論上バリューな株は
安いまま

る

ルールを決めて
投資に臨む

れ

歴史が示す
米国株の底力

ろ

労多くして
消耗するのが日本株

わ

私たち皆、
希望を胸に投資しよう
若い人ほど
有利な定額投資
分かち合う
知識と経験、たぱぞうブログ

編集協力●高橋晴美
デザイン●川島 進（川島進デザイン室）
本文DTP●株式会社明昌堂

お金《かね》が増《ふ》える
米国《べいこく》株超楽《かぶちょうらく》ちん投資術《とうしじゅつ》

2019年10月18日　初版発行
2019年12月25日　4版発行

著者／たぱぞう

発行者／川金　正法

発行／株式会社KADOKAWA
〒102-8177　東京都千代田区富士見2-13-3
電話　0570-002-301(ナビダイヤル)

印刷所／大日本印刷株式会社

●お問い合わせ
https://www.kadokawa.co.jp/（「お問い合わせ」へお進みください）
※内容によっては、お答えできない場合があります。
※サポートは日本国内のみとさせていただきます。
※Japanese text only

定価はカバーに表示してあります。

ISBN 978-4-04-604415-0　C0033